ADOLPHE JOANNE

GÉOGRAPHIE

DE LA

VIENNE

15 gravures et une carte

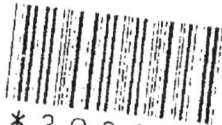

HACHETTE ET Cⁱᵉ

GÉOGRAPHIE

DU DÉPARTEMENT

DE LA

VIENNE

AVEC UNE CARTE COLORIÉE ET 15 GRAVURES

PAR

ADOLPHE JOANNE

AUTEUR DU DICTIONNAIRE GÉOGRAPHIQUE ET DE L'ITINÉRAIRE
GÉNÉRAL DE LA FRANCE

———

PARIS

LIBRAIRIE HACHETTE ET Cie

79, BOULEVARD SAINT-GERMAIN

—

1877

TABLE DES MATIÈRES

LISTE DES GRAVURES

Typographie Lahure, rue de Fleurus, 9, à Paris.

GÉOGRAPHIES DÉPARTEMENTALES

INTRODUCTION

L'étude géographique d'un département français doit, d'après les programmes officiels, commencer par l'étude de la commune où se trouve située l'école.

Chaque instituteur apprendra donc avant tout à ses élèves non-seulement ce qu'est une commune sous les rapports politique et administratif, mais quelles sont la situation, l'étendue, l'altitude ou élévation au-dessus du niveau de la mer, les divisions, les cultures, les industries, les transactions commerciales, les curiosités naturelles, archéologiques et artistiques de la commune dans laquelle il exerce ses fonctions.

Au point de vue politique et administratif, une **commune** est une fraction du territoire comprenant soit une ville, soit un ou plusieurs villages, hameaux ou écarts, et administrée par un maire, des adjoints et un conseil municipal.

Avant la fatale guerre de 1870, si imprudemment engagée et si malheureusement conduite, la France comptait 37,548 communes. Les traités de paix des 26 février et 10 mai 1871 et la convention additionnelle du 12 octobre suivant lui en ont fait perdre 1,689 ; il ne lui en resterait donc que 35,859, mais plus de 140 sections ayant été érigées en municipalités distinctes, le nombre total actuel (1874) dépasse 36,000.

Un certain nombre de communes réunies (en général 10) forment un **canton**, dont le chef-lieu, où ont lieu tous les ans les opérations du recrutement, possède une *justice de paix*.

Avant la guerre de 1870, la France comptait 2,941 cantons. Les traités ci-dessus mentionnés lui en ont fait perdre 97. Mais, comme

8 nouveaux cantons ont été créés, le nombre total est actuellement de 2,852 (2,857 en y comprenant des fractions de cantons cédés).

Un certain nombre de cantons réunis (8 en moyenne) forment un **arrondissement** dont le chef-lieu est le siège d'une sous-préfecture, à l'exception de celui qui, comprenant le chef-lieu du département, est le siège de la préfecture, d'un conseil d'arrondissement et d'un *tribunal de première instance,* jugeant à la fois *civilement,* c'est-à-dire les procès entre citoyens dans les cas déterminés par la loi, et *correctionnellement* les individus prévenus de délits qui n'entraînent pas des peines afflictives ou infamantes.

Avant la guerre de 1870, la France comptait 373 arrondissements; elle en a perdu 14 : il ne lui en reste donc plus que 359 (362 y compris les arrondissements de Belfort, Saint-Dié et Briey, qui, bien que morcelés, ont conservé leur autonomie).

Un certain nombre d'arrondissements (3 ou 4 en moyenne) forment un **département** qui, administré par un préfet, un conseil général et un conseil de préfecture (tribunal administratif) est la résidence des chefs de services des administrations militaires, financières, postales, universitaires, des travaux publics, etc. Un certain nombre de chefs-lieux des départements sont en outre le siège d'archevêchés (17) et d'évêchés (67), de cours d'appel (26), et de cours d'assises et d'académies (16).

Avant la guerre de 1870, la France comptait 89 départements. Elle en a perdu 4 dont 1 seulement (le Bas-Rhin), cédé entièrement à la Prusse; il ne lui en reste donc que 85 (87 y compris le département de Meurthe-et-Moselle, formé des parties restées françaises des anciens départements de la Meurthe et de la Moselle, et le territoire de Belfort).

Le chef-lieu du département de la Seine, Paris, est en même temps le chef-lieu ou la capitale de la France.

Ces notions générales rappelées à ses élèves, l'instituteur, qui dans la première année « a dû se borner à quelques notions sur le pays où se trouve située son école », expliquera, selon le programme officiel, ce que c'est qu'une carte et ce que sont les points cardinaux; il expliquera ensuite sur la carte du département et sur celle de la France les principaux termes de la nomenclature géographique; enfin il étudiera le département en commençant par la commune, puis en passant de la commune au canton, et du canton à l'arrondissement. Les éléments principaux de cette étude se trouvent réunis dans la Géographie ci-jointe, ainsi que le montre la table méthodique des matières :

Les détails géographiques, administratifs, archéologiques et statistiques qui n'ont pas trouvé place dans cette Géographie abrégée et spéciale sont réunis dans le *Dictionnaire de la France*, par Adolphe Joanne [1], dont toutes les bibliothèques communales devraient posséder un exemplaire.

Pour faciliter aux instituteurs l'étude préliminaire de la commune où il exerce ses fonctions, c'est-à-dire l'explication d'une carte, des points cardinaux et des principaux termes de la nomenclature géographique, nous reproduisons ici, d'après la *Géographie élémentaire des cinq parties du monde* publiée par M. Cortambert, une rose des vents, une boussole, la carte des environs d'un collége et une carte des principaux termes géographiques, avec les explications qui les accompagnent.

Le côté de l'horizon où le Soleil semble se lever, ou plutôt où il se trouve à 6 heures du matin, s'appelle *est, levant* ou *orient*. — Celui où il semble se coucher (c'est-à-dire où il se trouve à 6 heures du soir) est l'*ouest, couchant* ou *occident*. — Le *sud* ou *midi*, appelé aussi point *austral* ou *méridional*, est dans la direction où nous voyons, en France, le Soleil à midi. — Le *nord* ou *septentrion*, nommé aussi point *boréal* ou *septentrional*, est à l'opposé, et se reconnaît par les groupes d'étoiles de la *Grande Ourse* et de la *Petite Ourse*, situés de ce côté. — Ce sont les quatre *points cardinaux*. On les désigne ordinairement par ces abréviations: N., S., E., O.

Il y a quatre *points collatéraux* : le *nord-est*, entre le nord et

---

[1] *Dictionnaire géographique, administratif, postal, statistique, archéologique, etc. de la France, de l'Algérie et des Colonies*, par Adolphe Joanne, 2ᵉ édition, entièrement révisée et considérablement augmentée. Un volume grand in-8 de 2700 pages à 2 colonnes, broché. 25 fr.; cartonné, 28 fr. 25 c.; relié en demi-chagrin, 30 fr.

l'est; — le *nord-ouest*, entre le nord et l'ouest; — le *sud-est*, entre le sud et l'est ; — le *sud-ouest*, entre le sud et l'ouest.

Les points cardinaux et les points collatéraux forment ce qu'on appelle la *rose des vents*.

S'orienter, c'est retrouver les points cardinaux et collatéraux. Pendant le jour, il est facile de le faire au moyen du Soleil, qu'on voit à l'est à six heures du matin, au sud à midi, à l'ouest à six heures du soir, au sud-est à neuf heures du matin, au sud-ouest à trois heures du soir.

La nuit, on peut avoir recours à l'étoile Polaire, située au nord, dans la Petite Ourse.

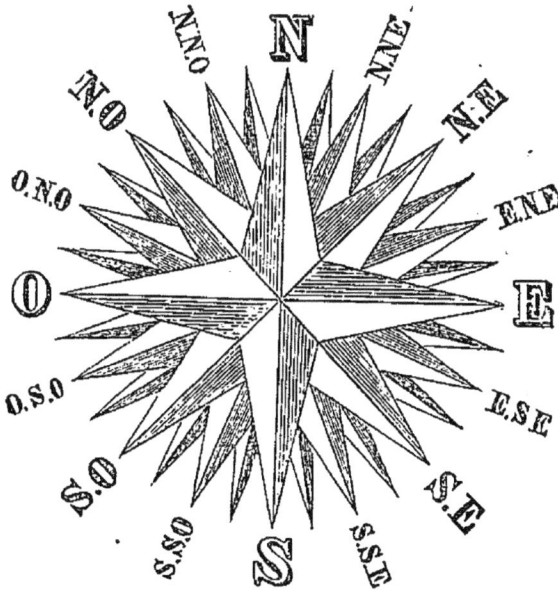

Rose des vents.

On se sert aussi de la *boussole*, petit instrument dont la pièce principale est une aiguille aimantée, suspendue sur un pivot où elle tourne librement, car cette aiguille a la propriété de diriger l'une de ses pointes au nord et l'autre au sud.

Sur les dessins nommés *cartes*, qui représentent la Terre ou quelques-unes de ses parties, on a coutume de placer le nord en haut, le sud en bas, l'est à droite et l'ouest à gauche.

Il y a, sur la Terre, des terres et des eaux. Les plus grands espaces de terre sont les continents.

Les *îles* sont des terres moins grandes, entourées d'eau de tous côtés.

Plusieurs îles rapprochées les unes des autres forment un *groupe d'îles.* — Quand il y en a un très-grand nombre, cette réunion se nomme *archipel.*

Les *presqu'îles* ou *péninsules* sont des espaces de terres environnés d'eau *presque* de tous côtés.

Un *isthme* est un espace resserré entre deux masses d'eau.

Les *côtes* sont les bords des continents et des îles.

Les *caps*, les *pointes* et les *promontoires* sont les avancements des côtes.

Les *plaines* sont de grands espaces de terrain plat.

Un *champ* est un terrain ordinairement cultivé en céréales, en pommes de terre et en d'autres plantes propres à l'alimentation des hommes ou à leurs vêtements.

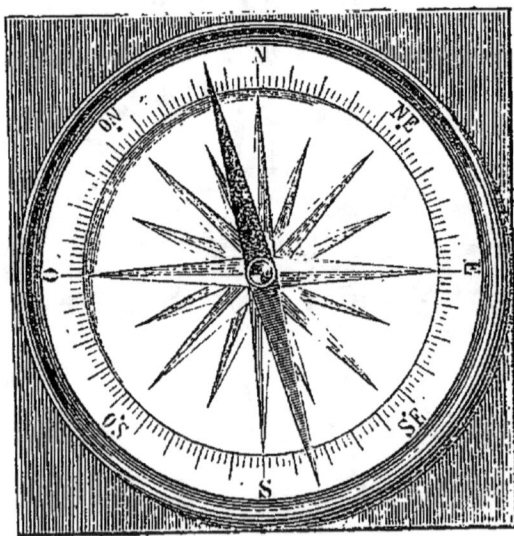

Boussole.

Un *pré* ou une *prairie naturelle* est un terrain couvert constamment d'herbes destinées à la nourriture des animaux.

Les *prairies artificielles* sont formées de plantes à fourrages qui n'occupent que momentanément des terrains où l'on cultive ensuite des céréales, des pommes de terre, etc.

Un *bois* est une assez grande réunion d'arbres.

Une *forêt* est une très-grande réunion d'arbres.

Les *déserts* et les *landes* sont des plaines arides. On appelle *oasis* les petits espaces fertiles qui s'y trouvent.

Les *monts* et les *montagnes* sont de grandes hauteurs ; les *collines*, les *monticules*, les *buttes* sont moins élevées. — On appelle souvent *côte* le penchant d'une hauteur et quelquefois la hauteur tout entière.—Les *dunes* sont les collines sablonneuses des bords de la mer.

Le *sommet* est le point le plus élevé d'une montagne ; le *pied* en est la partie la plus basse.

Une *chaîne de montagnes* est formée de plusieurs montagnes réunies les unes aux autres.

On nomme *plateaux* des territoires élevés et plats, souvent entourés ou couronnés de montagnes, et quelquefois formant le sommet de certaines montagnes.

Les penchants d'une montagne ou d'une chaîne de montagnes s'appellent *flancs*, *revers* ou *versants*. On appelle aussi *versant* tout un grand territoire incliné vers telle ou telle mer.

Un *défilé* ou *col* est un passage étroit entre deux sommets de montagnes ou entre une montagne et la mer.

Les *vallées* et les *vallons* sont des espaces profonds qui se trouvent entre deux montagnes ou entre deux chaînes de montagnes.

Les *glaciers* sont les amas de glace qui couvrent certaines parties des hautes montagnes.

Un *fleuve* est un grand cours d'eau qui va se jeter dans la mer. — Une *rivière* est un cours d'eau qui perd son nom en se joignant à un autre ; cependant, quand un cours d'eau qui se rend directement dans la mer n'est pas considérable, il s'appelle *rivière*.

Un *ruisseau* est un très-petit cours d'eau.

Les *torrents* sont des cours d'eau très-rapides et qui, ordinairement, n'existent qu'à certaines époques de l'année, aux moments des grandes pluies ou de la fonte des neiges.

La *rive droite* d'un cours d'eau, fleuve, rivière, ruisseau, torrent, etc., est celle que l'on a à sa droite en descendant le lit de ce cours d'eau ; la *rive gauche* est la rive opposée.

La *source* d'un cours d'eau est l'endroit où il commence ; son *embouchure*, celui où il se jette dans la mer. Plusieurs embouchures s'appellent aussi *bouches*. Le territoire compris entre la mer et les branches d'un fleuve se nomme *delta*.

On nomme *estuaires* les larges embouchures de certains fleuves.

L'endroit où deux cours d'eau se réunissent est un *confluent*.

Les *affluents* d'un cours d'eau sont les divers cours d'eau qu'il reçoit.

Les deux rives d'un cours d'eau s'appellent *rive droite* et *rive gauche*.

Le *bassin* d'un fleuve est le territoire arrosé par ce fleuve et par ses affluents, et entouré d'une ceinture de hauteurs appelée le partage des eaux ou *ligne de faîte*.

Une chute d'eau se nomme *cascade* ou *cataracte*.

Un *canal* est un grand fossé où l'on introduit de l'eau, principalement pour y faire circuler les bateaux.

Modèle d'une carte servant à expliquer les principaux termes géographiques.

Les *lagunes* sont des espèces de lacs placés près des côtes et
communiquant avec la mer. On les appelle souvent étangs;

Les *étangs* sont de petits lacs artificiels.

Les *lacs*, de grands amas d'eau placés au milieu des terres;

Les *marais*, des amas d'eau peu profonds situés dans les terres ;
Les *mares*, les plus petits amas d'eau.

Les *chemins de fer* et les *routes* composent, avec les canaux et les cours d'eau, les principales *voies de communication* à travers les terres.

La plus grande partie de l'eau répandue sur le globe terrestre forme ce qu'on appelle la *mer*. (La France est entourée par la mer de trois côtés.)

Les *océans* sont les plus grands espaces de mer.

Une *mer* est un espace moins grand qu'un *océan*.

Les *golfes*, les *baies*, les *anses* et les *rades* sont des avancements de mer qui pénètrent dans les terres.

Les *ports* ou *havres* sont des avancements plus petits, propres à servir d'asile aux vaisseaux.

Les *détroits* sont des espaces de mer resserrés entre deux parties de terre. On donne souvent aussi à un détroit le nom de *canal*, ou ceux de *passe*, de *passage*, de *raz*, de *pertuis*, de *chenal*, de *goulet*.

Des rochers placés au milieu de la mer et dangereux pour les navigateurs s'appellent *écueils*, *récifs*, *brisants*.

Les espaces sablonneux qui se trouvent dans l'eau et qui sont également dangereux pour la navigation, se nomment *bancs de sable*.

Avec ces notions préliminaires, les dessins et cartes qui les accompagnent et les renseignements divers contenus dans la géographie ci-jointe, chaque instituteur pourra facilement, selon les prescriptions du programme officiel, « étudier le département en commençant par la commune, puis en passant de la commune au canton, et du canton à l'arrondissement ».

ADOLPHE JOANNE.

DÉPARTEMENT

DE LA VIENNE

---

1. — Nom, formation, situation, limites, superficie.

Le département de la Vienne doit son *nom* à l'une de ses rivières les plus importantes, la Vienne, qui y a une grande partie de son cours, et dont un affluent, le Clain, baigne le chef-lieu, c'est-à-dire Poitiers.

Il a été formé, en 1793, de territoires appartenant à trois des provinces qui composaient la France avant la Révolution de 1789, au Poitou, à la Touraine, au Berry : le **Poitou** a fourni à lui seul presque exactement les quatre cinquièmes : 558,000 hectares sur un peu moins de 700,000 ; la **Touraine** a donné au delà de 100,000 hectares, soit plus du septième ; l'apport du **Berry** a donc été peu important : il a consisté en un certain nombre de communes situées dans le bassin de la Creuse et sur la basse Gartempe ; celui de la Touraine se composait de deux petits pays, appelés de leur ville principale, l'un le *Loudunais* (de Loudun), l'autre le *Mirebalais* (de Mirebeau).

Le département de la Vienne est *situé* dans la région occidentale de la France : séparé, à l'ouest, de l'océan Atlantique par deux départements, les Deux-Sèvres et la Vendée (ou la Charente-Inférieure), il ne l'est, à l'est, que par un seul département, l'Indre, des deux départements du Cher et de l'Allier qui occupent assez exactement le centre de notre patrie. Poitiers, son chef-lieu, se trouve à 332 kilomètres au sud-ouest de Paris par le chemin de fer, à 295 seulement à vol d'oiseau. Son territoire est coupé, près de Poitiers, par le 2e degré de longitude ouest, et, près de Loudun, par le 47e de latitude nord. La Vienne est donc un peu plus près du Pôle que de l'Équateur, séparés l'un de l'autre par 90 degrés.

La Vienne est *bornée* : au nord-est, par le département d'Indre-et-Loire; à l'est, par celui de l'Indre; au sud-est, par celui de la Haute-Vienne; au sud, par celui de la Charente; à l'ouest, par celui des Deux-Sèvres; au nord-ouest, par celui de Maine-et-Loire. Ses limites sont surtout artificielles; toutefois elle a aussi des frontières naturelles, dont la plus saillante est celle que lui tracent à l'est le cours de la basse Gartempe, puis celui de la Creuse, pendant un peu plus de quarante kilomètres.

Sa *superficie* est de 697,291 hectares. Sous ce rapport, la Vienne est le 17ᵉ département de la France : en d'autres termes, 16 seulement sont plus étendus. Sa plus grande *longueur* — du nord-ouest au sud-est, de l'extrémité septentrionale du canton des Trois-Moutiers (arrondissement de Loudun : frontière de Maine-et-Loire) à l'extrémité sud-est du canton de l'Isle-Jourdain (arrondissement de Montmorillon : frontière de la Haute-Vienne et de la Charente) — est de près de 130 kilomètres. Sa plus grande *largeur* — de l'ouest à l'est, de la limite occidentale du canton de Lusignan (arrondissement de Poitiers : frontière des Deux-Sèvres) au point le plus oriental du canton de la Trimouille (arrondissement de Montmorillon : frontière de l'Indre) — est d'environ 90 kilomètres. Enfin son *pourtour* est de 400 kilomètres, en ne tenant pas compte d'un grand nombre de sinuosités secondaires.

II. — Physionomie générale.

La Vienne n'est point un département montagneux ; ce n'est pas non plus un département absolument plat. Il se compose, en général, de vastes plateaux mamelonnés, nus ou entrecoupés de taillis et de forêts : dans ces plateaux, l'action patiente du temps, des pluies, des cours d'eau a creusé à la longue des vallées sinueuses, profondes, çà et là fort gracieuses et même vraiment pittoresques. La pente du pays étant dirigée du sud au nord, suivant le cours des rivières principales, c'est naturellement vers le sud, c'est-à-dire dans la portion du département par laquelle entrent les cours d'eau venus des départements plus élevés, que se dressent les collines les plus hautes de la Vienne.

La colline la plus élevée du département de la Vienne, celle de Prun, atteint 233 mètres au-dessus des mers, au nord-est de la petite ville de l'Isle-Jourdain, non loin des frontières de la Haute-Vienne, entre des vallons dont les ruisseaux — la Grande-Blourde et la Petite-Blourde — portent les eaux à la Vienne. Cette altitude de 233 mètres est environ le double de celle des collines de Poitiers, mais ce n'est encore que le vingtième ou le vingt-et-unième du Mont-Blanc (4,810 mètres), la plus haute des montagnes de la France et même de l'Europe entière, jusqu'au Caucase.

D'autre part, les points les plus bas du département, l'endroit où la Vienne reçoit la Creuse et passe en Indre-et-Loire, et celui où la Dive du Nord entre définitivement dans Maine-et-Loire, se trouvent à environ 35 mètres d'altitude. De 35 mètres, point le plus bas, à 233 mètres, sommet le plus haut, il y a 198 mètres : ainsi la pente totale du département de la Vienne est d'à peu près 200 mètres.

Le département de la Vienne renferme diverses natures de terrain, et par conséquent diverses zones de végétation : des granits vers les frontières de la Haute-Vienne ; des liais, d'Availles à la Trimouille ; des terres rouges très-propres au châtaignier, entre Civrai et le cours de la Vonne ; des terrains jurassiques, dans tout le centre, autour de Poitiers ; des collines où de pures et abondantes fontaines donnent naissance à la Dive du Nord, jusqu'aux frontières de l'Indre ; des grès verts, dans le fertile canton de Lencloître ; des craies, autour de Loudun et au nord de Châtellerault, etc. Mais en dépit de ces variétés de sol et des diversités de culture qui en résultent, il n'y a pas de régions naturelles bien tranchées dans le département de la Vienne, comme par exemple dans quelques départements voisins : la Charente, où le pays de Confolens est absolument dif-

férent des Terres-Chaudes, — les Deux-Sèvres, qui ont leur Bocage, leur Plaine et leur Marais, — l'Indre, où l'on trouve le
Bois-Chaud, la Brenne et la Champagne, toutes régions fort dis-
semblables de nature, de climat, d'aspect.

III.'— Cours d'eau.

Le département de la Vienne se partage très-inégalement
entre les bassins de la Loire, de la Charente et de la Sèvre Niortaise. Le bassin de la Loire embrasse tout le département sauf
une petite partie du canton de Lusignan (bassin de la Sèvre) et
les deux cantons presque entiers de Civrai et de Charroux (bassin de la Charente).

Le bassin de la **Loire** a dans le département de la Vienne
une surface d'environ 662,000 hectares, près des 19 vingtièmes
du territoire. Il se divise en deux sous-bassins, celui de la Vienne
et celui de la Dive du Nord, la première affluent considérable,
la seconde sous-affluent de la Loire.

La Loire ne touche point le département de la Vienne, elle
en passe au nord à une distance variable, qui est au minimum
de 6 kilomètres en ligne droite sur la route de Loudun à Saumur par Fontevrault. Ce fleuve est le plus long cours d'eau
de la France (1,000 kilomètres), si l'on considère le Rhin
comme un fleuve purement allemand. Il y a en Europe douze ou
treize fleuves plus longs, mais dix seulement ont un bassin
plus étendu.

Le bassin de la Loire comprend en tout onze à douze millions d'hectares, ce qui est plus du cinquième et un peu moins
du quart de la France ; mais, dans cette vaste surface, le fleuve
ne recueille pas en moyenne une masse d'eau proportionnelle à
l'étendue du pays dont il est l'artère, et, si ses crues sont ter-
ribles, son débit minimum est très-faible.

La Loire prend sa source dans le département de l'Ardèche,
sur le flanc d'un volcan éteint, le Gerbier de Joncs, haut de
1562 mètres, et par conséquent six à sept fois plus élevé que la
colline de Prun. Sans compter l'Ardèche, il arrose onze dépar-

tements qui sont, en descendant son cours : la Haute-Loire, où il coule à environ quatre kilomètres du Puy-en-Velay; la Loire, où il touche Roanne; le département de Saône-et-Loire; celui de l'Allier; la Nièvre, où il passe devant Nevers; le Cher, où il baigne le pied de la haute colline de Sancerre; le Loiret, où il cesse de courir du su dau nord, pour tourner à l'ouest jusqu'à la mer, et où il arrose Orléans; le Loir-et-Cher, où il coule au pied de la ville en amphithéâtre de Blois; l'Indre-et-Loire, où il rencontre Tours; le Maine-et-Loire, où il baigne Saumur; la Loire-Inférieure, où il traverse Nantes, l'une de nos villes les plus peuplées et les plus commerçantes. C'est dans ce dernier département qu'il devient un estuaire, c'est-à-dire un golfe allongé de 2,500 à 4,000 mètres de large, et qu'il tombe dans l'océan Atlantique devant le port très-actif de Saint-Nazaire. On remarquera que sur les douze départements touchés par la Loire, six tirent entièrement ou en partie leur nom du fleuve : la Haute-*Loire*, la *Loire*, Saône-et-*Loire*, Indre-et-*Loire*, Maine-et-*Loire* et *Loire*-Inférieure.

On évalue le débit de la Loire à 60 mètres cubes d'eau ou à 60,000 litres par seconde à l'*étiage*, c'est-à-dire quand il n'a pas plu depuis longtemps et que les eaux sont fort basses; à 100 mètres dans les sécheresses ordinaires, à dix mille ou même douze mille dans les grandes crues.

Ses trois grands affluents sont l'Allier, la Vienne et la Maine, tous trois cours d'eau considérables, dont le second est la grande rivière du département.

La **Vienne** a, dans le département, un cours de 116 kilomètres, sur une longueur totale d'environ 375. Quand elle pénètre sur le territoire du département, elle en a parcouru un peu plus de 200; quand elle le quitte, il ne lui en reste plus qu'environ 50 à parcourir.

Cette large et abondante rivière prend sa source dans le département de la Corrèze, sur le plateau de Millevache, qui fait partie des monts du Limousin, au pied d'un mamelon qu'on nomme Mont-Audouze et qui a 954 mètres d'altitude, c'est-à-dire plus de quatre fois l'élévation de la colline de Prun au-des sus du niveau de la mer. Elle coule d'abord vers l'ouest, comme si elle devait gagner la vallée de la Charente, et par conséquent se jeter directement dans l'océan Atlantique vis-à-vis de l'île d'Oléron; mais, à 25 kilomètres environ avant d'entrer dans le département de la Vienne, elle tourne brusquement au nord.

Lorsque la Vienne atteint le territoire du département auquel elle a donné son nom, elle a coulé pendant quelques heures dans la Corrèze, traversé la Haute-Vienne dans toute sa largeur, baigné la ville de Limoges, et, dans le département de la Charente, celle de Confolens.

Arrivée dans le département, au-dessus d'Availles-Limousine, par 124 mètres d'altitude, elle en ressort au Bec-des-Eaux (confluent de la Creuse) par 35 mètres : ce qui lui donne une pente de 89 mètres. Constamment dirigée vers le nord, elle arrose Availles-Limousine, l'Isle-Jourdain, passe près de Lussac-les-Châteaux, à Civaux, à Chauvigny, à Bonnes, à Vouneuil, à Cenon, à Châtellerault, à Ingrande, à Dangé, aux Ormes. Sa largeur varie entre 100 et 150 mètres. Elle est classée comme navigable à partir du barrage de la manufacture d'armes de Châtellerault ; mais, en réalité, elle porte peu de bateaux, faute d'une grande profondeur et d'un lit régulier : en été son tirant d'eau se réduit, sur plusieurs seuils, à trente centimètres seulement, de Châtellerault au confluent de la Creuse.

En aval du département, la Vienne appartient à l'Indre-et-Loire; elle passe à Chinon, et se perd dans la Loire, rive gauche, à Candes, à douze ou quinze kilomètres en amont de Saumur.

Elle reçoit les Blourdes, la Dive centrale, le Clain, l'Auzon ou Ozon, l'Envigne, la Creuse. Celle-ci et le Clain ont seuls quelque importance ; les autres ne sont que des ruisseaux. — La *Grande-Blourde*, venue du département de la Charente, est un affluent de droite : elle passe à l'est de l'Isle-Jourdain et se perd dans la Vienne à 5 kilomètres en amont du pont de Lussac. — La *Petite-Blourde*, autre affluent de droite, a son embouchure à peu de distance en aval de celle de la Grande-Blourde. — La *Dive centrale*, tributaire de gauche, débouche entre Lussac et Chauvigny. — L'*Auzon*, tributaire de droite, s'achève au-dessus du pont par lequel le chemin de fer de Paris à Bordeaux franchit la Vienne non loin de Châtellerault. — L'*Envigne* ou l'*Anvigne* arrose le fertile vallon de Lencloître et se termine au-dessus du barrage de la fabrique d'armes de Châtellerault, rive gauche.

Pont de Châtellerault.

Le **Clain** draine à lui seul 240,000 hectares, soit un peu plus du tiers du département. Cette charmante rivière a un cours de 120 à 125 kilomètres, grâce à ses innombrables sinuosités, car on ne compte guère que 80 kilomètres à vol d'oiseau entre sa source et son embouchure. Il naît à quelques kilomètres de Confolens, chef-lieu d'arrondissement du département de la Charente. Encore petit ruisseau quand il arrive sur le territoire de la Vienne, le Clain coule d'abord vers le nord-ouest, par Payroux, Sommières, l'abbaye de Moraux, jusque dans le bassin de Voulon, où la Dive du Sud, presque aussi

2

abondante que lui, le repousse vers le nord, direction qu'il garde jusqu'à son confluent avec la Vienne. Devenu véritablement rivière dans le bassin de Vivonne, où débouchent successivement la Vonne et la Clouère, il baigne Ligugé, Saint-Benoît, coule au pied des beaux rochers de Passe-Lourdain, contourne la colline de Poitiers, passe à Chasseneuil, à Clan, aux Barres, à Cenon où il s'unit à la Vienne, rive gauche, à 4 kilomètres en amont de Châtellerault. Quoique non navigable, le Clain porte en toute saison à la grande rivière poitevine une masse d'eau considérable, grâce à l'abondance des sources de son bassin, à sa profonde et tortueuse vallée et aux vallées également encaissées et sinueuses de ses affluents, généralement creusées au sein de plateaux extrêmement perméables dans lesquelles les eaux de pluie vont alimenter des réservoirs souterrains d'où elles rejaillissent par d'admirables fontaines. Le Clain, d'ailleurs, pourrait être aisément rendu navigable, car il est presque partout très-tranquille et très-profond; en revanche, il est étroit et gêné par de nombreuses retenues d'usines. Il reçoit la Dive du Sud, la Vonne, la Clouère, le Miosson, la Boivre, l'Auxance et le Pallu.

La *Dive du Sud.* — On appelle cette rivière ainsi pour la distinguer d'une autre Dive plus considérable qui coule dans le nord du département : en y ajoutant la Dive centrale, on a trois rivières du même nom sur le territoire de la Vienne. La Dive du Sud vient du département des Deux-Sèvres, où elle se perd, puis renaît par de belles sources. Elle arrose le vallon de Couhé-Vérac ; arrivée dans le bassin de Voulon, elle reçoit la *Bouleure*, et tombe presque aussitôt dans le Clain, rive gauche. — La *Vonne* vient également des Deux-Sèvres, où elle naît au pied du plus haut massif de collines de tout le département (272 mètres). Sinueuse comme le Clain (et on peut dire comme tous les affluents du Clain), augmentée comme lui par d'importantes fontaines, elle serpente dans la profonde vallée de Lusignan, que franchit un beau viaduc du chemin de fer de Poitiers à Niort, et va tomber dans le Clain à Vivonne, rive gauche. — La *Clouère*, affluent de droite, prend sa source à quelques kilomètres au sud-ouest d'Availles, à la lisière du département de la Charente et de celui de la Vienne, et coule vers le nord-ouest, parallèlement au Clain. C'est elle qui baigne Gençay et le pied du plateau de Thorus, où se trouvent une grande quantité de monuments mégalithiques (près de Château-Larcher) : elle a son embouchure à une petite distance en aval de Vivonne. — Le *Miosson*, tributaire de droite qui s'achève à Saint-Benoît, est un ruisseau insignifiant qui s'est creusé un vallon encaissé au milieu du plateau où le roi Jean fut vaincu par le Prince Noir. — La *Boivre*, affluent de gauche, commence sur la frontière du département des Deux-Sèvres ; elle serpente dans un vallon profond et pittoresque, reçoit la fontaine considérable de Fleury et s'abîme dans le Clain à Poitiers même. — L'*Auzance* ou *Auxance* naît dans le même massif de collines du département des Deux-Sèvres que la Vonne. Arrivée sur le territoire départemental, elle y reçoit la *Vandelogne*, près de Chiré, y baigne Vouillé, et devenue très-sinueuse, va tomber dans le Clain, rive gauche, au-dessus de Chasseneuil. — Le *Pallu*, tributaire de gauche, se termine entre les stations de Dissais et de la Tricherie. — De tous ces affluents de la jolie rivière de Poitiers, le plus long est la Clouère, qui a de 60 à 65 kilomètres ; puis vient la Vonne, qui en a 55 ; puis l'Auzance (52), que suivent la Boivre (40), la Dive du Sud et le Pallu (35), le Miosson (26).

La **Creuse**, rivière de 255 kilomètres de longueur, n'appartient au département de la Vienne que pendant 40 kilomètres, et par sa rive gauche seulement, la rive droite relevant du département d'Indre-et-Loire. Elle prend sa source, ainsi que la Vienne, sur le plateau de Millevache. Avant d'atteindre l'arrondissement de Châtellerault, le seul qu'elle baigne sur le territoire de la Vienne, elle a parcouru, dans un cours généralement dirigé vers le nord-ouest, les départements de la Creuse, de l'Indre et d'Indre-et-Loire (en partie), baigné Aubusson, la ville des tapis, passé au bas du massif des collines de Guéret, traversé Argenton et le Blanc.. Sa largeur moyenne, dans la dernière partie de son cours, approche de 100 mètres ;

mais la profondeur de ses eaux presque toujours claires, est insuffisante pour permettre aux embarcations un peu fortes d'y naviguer commodément ; la Creuse, d'ailleurs, n'est censée navigable que pendant ses huit derniers kilomètres.

C'est un peu avant le confluent de la Gartempe que la Creuse commence à toucher le département : elle y baigne la Roche-Posay, Lésigny, Mairé, Leugny, Saint-Remy, Buxeuil, Port-de-Piles, où la franchit le chemin de fer de Paris à Bordeaux, et se joint à la Vienne, rive droite, à deux où trois kilomètres en aval de Port-de-Piles, à l'endroit nommé le Bec-des-Eaux. Elle n'a dans le département qu'un tributaire notable, mais ce tributaire est une rivière importante roulant à peu près autant d'eau que la Creuse, lorsqu'il la rencontre (rive gauche) à mille ou douze cents mètres au-dessus de la Roche-Posay. Cet affluent se nomme la Gartempe.

Sur un cours de 170 kilomètres, la **Gartempe,** rivière qui arrive à une largeur moyenne de 50 mètres, en a 70 dans la Vienne. Sensiblement parallèle à la Vienne, c'est-à-dire coulant d'abord de l'est à l'ouest, puis du sud au nord, elle commence au milieu de petites montagnes de 600 à 700 mètres d'élévation, au sud de Guéret, dans le département de la Creuse. De ce département, elle passe dans celui de la Haute-Vienne, puis dans celui de la Vienne, où elle baigne Montmorillon, Saint-Savin et Vicq. Elle n'est ni flottable, ni navigable. La Gartempe ne reçoit dans le département qu'un seul affluent ayant droit au nom de rivière, le charmant Anglin, et encore cet affluent a-t-il presque tout son cours dans la Creuse et dans l'Indre. — L'**Anglin** est un cours d'eau de 80 à 85 kilomètres de longueur, dont cinq ou six dans le département, où il ne baigne qu'une seule bourgade, Angles, et où coulent deux de ses principaux affluents, qui l'un et l'autre ont leurs sources dans la Haute-Vienne, une grande partie de leur trajet dans la Vienne, leur embouchure dans l'Indre : la *Benaize* (que grossit l'*Asse*) passe à la Trimouille ; le *Salleron,* parallèle à la Benaize et à la Gartempe entre lesquelles est resserré son bassin, n'arrose aucun chef-lieu de canton.

La **Dive du Nord** est, avons-nous dit, la seconde rivière par laquelle les eaux du département de la Vienne s'écoulent dans la Loire. Ces eaux, elle ne les porte pas elle-même au fleuve, ne s'y rendant pas directement, car elle est un affluent du Thouet, cours d'eau de 150 kilomètres de développement qui naît dans le Bocage des Deux-Sèvres et s'achève dans la Loire au-dessous de Saumur.

La Dive du Nord n'a pas plus de 75 kilomètres de longueur; elle n'en est pas moins une rivière abondante, grâce à un certain nombre de sources de premier ordre qui, telles que celles de la Grimaudière, jaillissent avec force même en plein été. Née près du village de Montgauguier, au nord-ouest de Vouillé, au sud-ouest de Mirebeau, elle coule presque constamment dans la direction du nord, passe à Moncontour et s'engage dans une vallée marécageuse, où on l'a canalisée à partir de Pas-de-Jeu, village situé sur la route de Loudun à Thouars. De Pas-de-Jeu à son embouchure dans le Thouet, c'est-à-dire pendant 40 kilomètres, elle porte des bateaux de 30 à 50 tonnes, avec un tirant d'eau de 1 mètre 60 centimètres. Après avoir longtemps séparé la Vienne des Deux-Sèvres, puis de Maine-et-Loire, elle quitte définitivement le département pour gagner le Thouet, rive droite, à huit ou dix kilomètres au-dessus de Saumur. Outre ses magnifiques fontaines, qui lui donnent beaucoup d'eau mais ne forment que des ruisseaux presque aussitôt engloutis par la rivière, la Dive du Nord reçoit : le *Prepson*, venu des collines de Mirebeau par la vallée de Sauves, et la *Grève*, qui prend sa source sur le territoire de la commune de Sauves; la *Briande*, qui commence par une source remarquable au pied du massif de Monts-sur-Guesnes, et la *Petite-Maine*, qui reçoit les eaux de Loudun.

Le bassin de la **Charente** a dans le département de la Vienne une surface de 26,000 hectares, soit les 37 millièmes seulement du territoire. Il n'y comprend même pas le quart de l'arrondissement de Civrai, pas même les cantons entiers de Civrai et de Charroux.

La Charente est une rivière extraordinairement sinueuse : à

peine s'il y a 150 kilomètres en ligne droite entre sa source et son embouchure; mais son cours développé dépasse 350 kilomètres, dont 40 environ appartiennent au département, où elle entre par 135 mètres d'altitude, et dont elle sort par 95, après y avoir passé près de Charroux, sous les ponts de Civrai, et y avoir coulé d'abord au nord, puis à l'ouest, enfin directement au sud.

Ce fleuve prend naissance dans le département de la Haute-Vienne, au sud-ouest de Rochechouart. Il passe presque aussitôt dans le département qui lui doit son nom, puis de ce département dans la Vienne. De la Vienne, il rentre dans la Charente, où il coule au pied d'Angoulême et devant Cognac, puis quitte la Charente pour la Charente-Inférieure, où il traverse Saintes, Rochefort, grand port de guerre et chantier de constructions navales. Il se perd dans l'océan Atlantique près de l'île d'Aix, en face de l'île d'Oléron.

Ses deux affluents viennois, le *Transon*, rive droite, et le *Cibiou*, rive gauche, ne sont que des ruisseaux.

Le bassin de la **Sèvre Niortaise** ne comprend pas plus de 9,000 hectares (les treize millièmes du département), répartis sur deux ou trois communes du canton de Lusignan. Le cours d'eau central de ce bassin, la rivière claire et bleue qui baigne Niort, traverse d'immenses marais et va tomber dans l'Atlantique près de Marans, au nord de la Rochelle. La Sèvre ne touche point le département; elle n'en reçoit même pas le moindre ruisseau, mais ce sont les eaux infiltrées dans les plateaux de Rouillé et de Saint-Sauvant qui vont former, sur le territoire des Deux-Sèvres, les belles sources du Pamproux, et le Pamproux est l'une des deux branches mères de la Sèvre Niortaise.

IV. — Climat.

La Vienne n'a pas de montagnes, car on ne peut donner ce nom à des collines inférieures à 250 mètres comme celle de

Prun. Or, moins un pays est élevé au-dessus du niveau de la mer, moins il y fait froid.

Elle fait partie de la zone où règne le *climat girondin*, ainsi nommé de ce qu'il se fait sentir dans le bassin de la Gironde, particulièrement à Bordeaux; mais la Vienne est située en moyenne à près de 200 kilomètres au nord de Bordeaux, elle est sensiblement plus élevée que les plaines qui entourent cette ville, enfin elle est plus loin de la mer, qui a le privilége d'adoucir et d'égaliser les climats : pour ces trois raisons, la moyenne de la température y est moins chaude qu'à Bordeaux.

Des observations quotidiennes, poursuivies pendant quarante à cinquante années, donnent en moyenne au département une température de douze degrés au-dessus de zéro, soit environ un degré et demi de plus qu'à Paris. L'été accuse une moyenne de plus de 19 degrés, l'hiver de moins de 4.

Le nombre des jours de grêle est de 5 à 6 ; celui des jours de tonnerre et d'éclairs, ou d'éclairs seulement, de 24; celui des jours de brouillards, de 55 ou 56.

Si toute l'eau tombée du ciel pendant l'année restait sur le sol sans être bue par la terre ou pompée par le soleil, on recueillerait en moyenne, dans les douze mois, une nappe d'eau d'une profondeur de 60 centimètres (à Poitiers même, 68).

V. — Curiosités naturelles.

N'ayant ni la mer ni les montagnes, le département de la Vienne ne saurait offrir de grandes curiosités naturelles telles que rochers immenses, glaciers, gouffres, cascades, panoramas sublimes.

Mais les sites charmants y abondent, surtout dans les vallées du bassin du Clain, principalement celles du Clain lui-même, de la Vonne, de la Boivre et de l'Auzance. Dans les vallées, on trouve des sources très-remarquables, bien qu'il n'y en ait aucune d'extraordinaire comme la fontaine de Vaucluse, près d'Avignon, ou le Dormant et le Bouillant de la Touvre, près d'Angoulême. Ces mêmes vallées présentent çà et là de jolis rochers et des grottes, tandis que les plateaux sont percés d'un très-grand nombre de gouffres où s'abîment les eaux pluviales.

VI. — Histoire.

Le département actuel de la Vienne était compris avant 1793 dans la province du Poitou, et son chef-lieu, Poitiers, en était la capitale.

Cette ville, d'origine très-ancienne, était déjà florissante au moment de la conquête romaine, et portait le nom de *Limonum*. Sous la domination étrangère, elle changea ce nom pour celui de *Pictavium*, du nom latin des *Pictavi*, ses habitants.

Le lieutenant de César, Crassus, fit tomber cette contrée au pouvoir des Romains. Mais au moment de la célèbre révolte de Vercingétorix, les Pictaves s'associèrent au mouvement de toute la Gaule contre les envahisseurs et bon nombre périrent dans la défense d'Alésia. Vaincus par la tactique romaine, les Pictaves furent alors des premiers à se soumettre au joug des conquérants, et depuis lors ils leur restèrent fidèles. Au reste, les bienfaits de la nouvelle civilisation se firent sentir spécialement à Pictavium et ne contribuèrent pas peu à maintenir ses habitants sous la loi des vainqueurs.

Quand les barbares se jetèrent sur la Gaule, tout l'Ouest et le Sud tombèrent aux mains des Wisigoths, et Pictavium devint un des centres de leur puissance.

En 507, le roi des Francs, Clovis, fier de sa campagne contre les Bourguignons qu'il avait rendus ses tributaires, porta désormais ses vues de conquête sur les Wisigoths. Les motifs du roi franc étaient nombreux. D'abord ses voisins étaient trop puissants, en outre ils étaient ariens.

Tous les évêques de la Gaule étaient favorables à Clovis qui avait embrassé le christianisme après la bataille de Tolbiac. Celui-ci marcha donc contre ses ennemis et les rencontra dans la plaine de Vouillé, à quelques lieues de Poitiers, sur les bords de la rivière du Clain. Alaric, qui commandait les Wisi-

goths, fut tué dans la mêlée par la main de Clovis, et ses soldats, n'ayant plus leur roi à leur tête, furent complétement
battus. Clovis les poursui-
vit jusqu'à Bordeaux, et
de là jusqu'à Toulouse,
leur capitale, où il s'empara du riche trésor des
rois wisigoths. Le Poitou
suivit à partir de ce mo-
ment les destinées de
l'Aquitaine. A la mort de
Clovis, Childebert, son fils,
roi de Paris, eut Poitiers
sous sa dépendance ; mais
cette ville tomba, en 558,
sous la domination de Clotaire qui recueillit l'héri-
tage de ses frères. Une des
femmes du roi Clotaire, la
pieuse Radegonde, effrayée
des crimes de son mari, se

Tombeau de sainte Radegonde, à Poitiers.

consacra à Dieu et fonda un monastère de femmes à Poitiers
dont elle est devenue la patronne (550).

Au deuxième partage de la monarchie franque, en 561,
Poitiers appartint à Caribert. Mais ce prince étant mort en
567, Chilpéric s'en empara, bien que la ville fût échue en partage à Sigebert.

Nous ne suivrons pas les divers changements de maîtres que
subit le Poitou durant la rivalité de deux femmes célèbres,
Frédégonde et Brunehaut.

Dagobert, qui monta sur le trône en 638, établit le duché
d'Aquitaine en faveur de son frère Caribert. C'était créer une
puissance héréditaire dangereuse pour le pouvoir royal, et cette
époque est remplie par les luttes de ces ducs d'Aquitaine contre
les maires du palais.

En 732, le Poitou fut le théâtre d'un événement remar-

quable. Les Arabes, maîtres de l'Espagne, avaient franchi les
Pyrénées et pénétré en Gaule par la Septimanie. Narbonne,
Carcassonne, Nîmes, Toulouse, Bordeaux et plusieurs autres
villes avaient été saccagées par eux. Charles Martel, le rude
soldat, alors maire du palais, s'avança contre ce flot destruc-
teur. Il trouva les Mahométans campés entre la Vienne et le
Clain, près de Poitiers. Les deux armées s'observèrent mutuel-
lement pendant une semaine ; enfin, le huitième jour, le chef
des Musulmans, Abd-el-Rhaman, commença l'attaque à la tête
de sa cavalerie, mais il ne put parvenir à rompre les rangs épais
des Francs qui lui présentèrent une muraille solide hérissée de
fer. Il fut tué avec un grand nombre de ses soldats ; les autres
prirent la fuite, abandonnant leurs richesses aux vainqueurs.

Cette mémorable journée, dont toute la gloire rejaillit sur
Charles Martel, affermit considérablement son autorité et faci-
lita l'accès du trône à sa famille.

En 778, Charlemagne reconstitua le royaume d'Aquitaine en
faveur de son fils Louis qui venait de naître ; ce royaume fut,
jusqu'à l'établissement de la féodalité, administré par des comtes
amovibles. En 877, Charles le Chauve signa à la diète de Quierzy-
sur-Oise un capitulaire qui reconnaissait en droit l'hérédité des
fiefs et des offices. Cet acte portait un coup mortel au pouvoir
royal. Aussi, sous les derniers Carlovingiens, les prétentions de
la plupart des seigneurs furent-elles exorbitantes. Un des
comtes héréditaires du Poitou, Guillaume, surnommé Fier-à-
Bras, méconnut l'autorité d'Hugues Capet. Le roi de France vint
mettre le siége devant Poitiers et obligea Guillaume à se soumettre.

Le successeur de Guillaume Fier-à-Bras, Guillaume le Grand,
augmenta ses États et fonda des écoles. Le petit-fils de ce dernier, appelé aussi Guillaume, se rendit célèbre par ses mœurs
dissolues et sa vie aventureuse ; il prit part à la première
croisade et mourut en 1126.

Son fils Guillaume fut le dernier duc d'Aquitaine. Sa vie
est si pleine de légendes et de prodiges qu'il est impossible de
distinguer la vérité historique. Ce que l'on sait d'une façon plus

certaine, c'est qu'il abdiqua en faveur de sa fille aînée, Éléonore,
qui devint la femme de Louis VII le Jeune. Cette union, con-
tractée déjà avant la mort de Louis VI le Gros, apporta le Poitou et l'Aquitaine au royaume de France.

Mais Louis VII, au retour de la seconde croisade, répudia
Éléonore, et celle-ci se maria la même année avec Henri Planta-
genet, comte d'Anjou, duc de Normandie et héritier de la cou-

Notre-Dame la Grande, à Poitiers, avant sa restauration.

ronne d'Angleterre (1152). Presque toute la France occidentale appartint donc, par cette alliance, à l'Angleterre.

Richard Cœur de Lion, fils d'Éléonore et d'Henri II, fut créé
comte de Poitou; ce prince mourut au siége du château de
Chalus, en Limousin, au mois de mars 1199. En 1204, Philippe Auguste, pour venger la mort d'Arthur de Bretagne as-
sassiné par Jean sans Terre, successeur de Richard, s'empara
de la Normandie, de l'Anjou, de la Touraine et du Poitou, qui
furent réunis au domaine royal.

En 1241, Louis IX constitua le Poitou en apanage en faveur de son frère Alphonse, qui fit régner dans cette province une excellente administration établie sur le modèle de saint Louis. Ce prince étant mort sans héritier, le comté fit retour à la Couronne.

En 1304, Philippe le Bel donna le Poitou à son second fils, Philippe le Long, qui monta sur le trône en 1316 et réunit de nouveau la province au domaine royal.

Durant la fatale guerre de Cent-Ans, qui jeta si souvent les Anglais sur les côtes occidentales de la France, le Poitou souffrit plus que tous les autres pays de l'invasion étrangère.

En 1356, le prince de Galles ayant saccagé le Rouergue, l'Auvergne, le Limousin et le Berry, Jean le Bon, roi de France, à la tête d'une brillante armée, l'atteignit à Poitiers et lui coupa la retraite sur Bordeaux. Le prince de Galles établit sa petite armée au sommet d'un coteau planté de vignes, appelé le champ de Maupertuis, situé à deux lieues environ de Poitiers. Le roi Jean aurait pu les entourer et les affamer, mais il aima mieux céder à la fougue de son courage et attaquer le coteau avec de la cavalerie. En quelques minutes cavaliers et chevaux furent criblés de traits et la déroute commença dans l'armée du roi de France. Abandonné de presque tous les siens, l'imprudent monarque fut fait prisonnier après d'inutiles prodiges de valeur. Sur ses quatre fils qui étaient avec lui, les trois aînés s'enfuirent lâchement; seul le plus jeune, Philippe le Hardi, resta à ses côtés et lui criait lorsqu'un coup le menaçait : « Père, gardez-vous à droite; père, gardez-vous à gauche ! »

La captivité du roi Jean se termina par le désastreux traité de Brétigny (1360), qui donna l'Aquitaine à Édouard III, et ainsi le Poitou fut une nouvelle fois séparé de la France.

En 1372, Du Guesclin avec 300 lances entra dans Poitiers et fut tellement bien secondé dans son entreprise par les principaux habitants, que Charles V accorda des titres de noblesse à tous ceux qui, à l'avenir, exerceraient les fonctions de maire ou d'échevin dans la ville de Poitiers. Le Poitou fut alors donné

« Père, gardez-vous à droite; père, gardez-vous à gauche! »

en apanage au duc de Berry, qui avait déjà le Berry et l'Auvergne.

Lorsque le honteux traité de Troyes (1420) eut démembré la France au profit d'Henri V d'Angleterre, l'héritier légitime du trône, Charles VII, fils de l'infortuné Charles VI, dont la folie fut si funeste à la France, transporta à Poitiers son conseil, son parlement et son université. C'est là qu'il fut proclamé roi par la partie de ses sujets qui lui restait encore, tandis que le roi d'armes de France, après que le corps de Charles VI fut descendu dans les caveaux de Saint-Denis, criait sur la tombe encore ouverte : « Dieu accorde bonne vie à Henri, par la grâce de Dieu, roi de France et d'Angleterre, notre souverain seigneur ! »

Cependant la cause de Charles VII empirait de jour en jour. Les Anglais, maîtres d'une grande partie de l'Orléanais, mettaient le siége devant Orléans.

Mais Jeanne d'Arc, la vierge inspirée par le patriotisme, avait paru, tenant d'une main un étendard et de l'autre une épée. Orléans fut délivré et le roi légitime sacré à Reims. En vain la sainte fille fut prise, jugée et condamnée à un supplice inique, en vain le roi introduit par l'invasion étrangère fut sacré à Paris; le mouvement imprimé par Jeanne d'Arc s'était propagé et avait électrisé les masses. De braves soldats tels que Richemont, Dunois, La Hire, continuèrent son œuvre de délivrance, et le traité d'Arras conclu en 1435 rendit Paris à Charles VII. La bataille de Castillon (1453) chassa définitivement les Anglais de la Guyenne; il ne leur restait plus en France que Calais et quelques places sans importance.

Le Poitou jouit alors d'une grande tranquillité jusqu'à l'époque des guerres de religion.

Calvin, ayant adopté et quelque peu modifié les idées de Luther, les répandit lui-même à Poitiers et les défendit par écrit dans son fameux livre de l'*Institution chrétienne*. Le nombre des huguenots alla en augmentant dans la ville. A la nouvelle du massacre de leurs coreligionnaires à Vassy en Champagne, exécuté par le duc de Guise, le 1er mars 1562, les huguenots prirent les armes et s'emparèrent de plusieurs villes, parmi lesquelles Rouen, Lyon, Tours, Poitiers, Grenoble, Orléans, Blois, etc.

Reprise par les catholiques, la ville de Poitiers fut investie par Coligny en 1569. Le siége durait depuis six semaines, lorsque le duc d'Anjou, qui fut plus tard Henri III, à la tête des troupes que lui avaient fournies le pape Pie V et le duc

La porte du Marché, à Loudun.

d'Albe, attaqua les protestants entre la Dive et le Thouet, près de Moncontour, et remporta sur eux une victoire complète (3 octobre).

Après le massacre de la Saint-Barthélemy, le Poitou ne fut plus agité par ces dissensions funestes, et le règne de Henri IV, en pacifiant la France, assura la paix et la tranquillité dans cette province.

En 1633-1634, l'histoire de la *possession* des religieuses de

Loudun et le procès d'Urbain Grandier ont donné à cette petite ville une triste célébrité. .

En 1793, tandis que la Vendée était livrée à toutes les horreurs de la guerre civile, le Poitou, qui ne prit aucune part à la révolte de ses voisins, jouit d'une tranquillité parfaite.

En 1822, le général Berton, un des héros de la guerre d'Espagne et de Waterloo, ayant dirigé une conspiration tramée à Saumur contre la Restauration, fut arrêté par trahison et conduit à Poitiers, où il fut jugé par la cour, qui le condamna à mort avec cinq de ses complices.

VII. — Personnages célèbres.

Quatrième siècle. — SAINT HILAIRE, docteur de l'Église, né à Poitiers au commencement du IVe siècle, mort en 367 à Poitiers, dont il était évêque ; il a laissé de nombreux ouvrages de théologie.

Quinzième siècle. — Le cardinal DE LA BALUE, né à Angles en 1421, mort en 1491. Ministre et conseiller de Louis XI, il fut enfermé par celui-ci à Loches dans une cage de fer, à cause de ses nombreuses trahisons. Il fut délivré en 1480 à la demande du pape Sixte IV. — BOUCHET (JEAN), né à Poitiers en 1476, mort en 1550 ; il a laissé de nombreuses poésies et quelques livres d'histoire estimés.

Seizième siècle. — SAINTE-MARTHE (SCÉVOLE DE), poëte latin, né à Loudun en 1536, mort à Londres en 1623. Il fut contrôleur général des finances du Poitou en 1571 et député aux États de Blois. Parmi ses poésies on remarque surtout les *Odes*, les *Silves*, les *Élégies* et les *Épigrammes*. — BOULENGER (JULES-CÉSAR), né à Loudun en 1558, mort à Cahors en 1628. Il a composé de nombreux livres d'histoire et d'érudition. — SAINTE-MARTHE (ABEL DE), fils aîné de Scévole, né à Loudun en 1566, mort en 1652. Conseiller d'État et garde de la bibliothèque de Fontainebleau ; il a laissé aussi des poésies, mais

moins estimées que celles de son père. — SAINTE-MARTHE
(SCÉVOLE et LOUIS DE), frères jumeaux du précédent, nés à
Loudun en 1571, morts le premier en 1650, le second en 1656;
ils furent nommés conseillers et historiographes de Louis XIII,
en 1620. Ils ont composé de nombreux ouvrages en commun;
le plus connu est la *Gallia Christiana*. — RENAUDOT (THÉO-
PHRASTE), médecin, né à Loudun en 1584, mort en 1653. En
1631, il fonda à Paris le célèbre journal *la Gazette de France*.

Dix-septième siècle. — LAMBERT (MICHEL), musicien, né
en 1610 à Vivonne, mort à Paris en 1696. Il a laissé des *Motets*,
et de nombreux airs composés sur les paroles de Benserade,
Bois-Robert et Quinault. — CHEVREAU (URBAIN), littérateur, né
à Loudun en 1613, mort en 1701. Il voyagea par toute l'Europe et fut employé comme ambassadeur par Louis XIV. Ses
œuvres, fort nombreuses, se composent de poésies, de romans
et de pièces de théâtre. — FILLEAU DE LA CHAISE (JEAN), né à
Poitiers en 1630, mort en 1693. Son meilleur ouvrage est
l'*Histoire de saint Louis* (1688).

Dix-huitième siècle. — FERRIÈRES (CHARLES, marquis DE),
né à Poitiers en 1741, mort en 1804. Il fut membre de l'As-
semblée constituante, dont il composa une histoire en 3 volumes.
— CREUZÉ-LATOUCHE (JACQUES-ANTOINE), né à Châtellerault en
1749, mort en 1800. Il fut membre de la Constituante, de la
Convention, du Conseil des Anciens, des Cinq-Cents, et mourut
sénateur. — GILBERT (FRANÇOIS-HILAIRE), savant vétérinaire,
né à Châtellerault en 1757, mort en 1800. Il fut membre de
l'Institut et composa de nombreux et très-bons ouvrages sur la
médecine vétérinaire et l'économie rurale. — THIBEAUDEAU
(ANTOINE), né à Poitiers en 1765, mort en 1854. Il fut membre
de la Convention, du Conseil des Cinq-Cents, conseiller d'État
et préfet de l'Empire. Il a laissé de nombreux ouvrages d'histoire sur cette époque.

Le département de la Vienne a en outre donné naissance à
plusieurs prélats et à plusieurs généraux de l'Empire.

3

VIII.— Population, langue, culte, instruction publique.

La *population* de la Vienne s'élève, d'après le recensement de 1872, à 320,598 habitants (159,448 du sexe masculin, 161,150 du sexe féminin). A ce point de vue, c'est le cinquante-deuxième département. Le chiffre des habitants divisé par celui des hectares donne environ 46 habitants par 100 hectares ou par kilomètre carré : c'est ce qu'on nomme la *population spécifique*. La France entière ayant 68 à 69 habitants par kilomètre carré, il en résulte que la Vienne renferme, à surface égale, 22 à 23 habitants de moins que l'ensemble de notre pays.

Depuis 1801, date du premier recensement officiel, la Vienne a gagné 79,608 habitants.

Le patois poitevin, idiome parfaitement distinct qui a eu ses poëtes, se compose de mots dérivés la plupart de la langue d'oil. Quelques expressions pourtant ont été empruntées à la langue d'oc, encore en usage du côté de Montmorillon.

Presque tous les habitants de la Vienne sont catholiques. Sur les 320,598 habitants de 1872, on ne comptait que 5,635 protestants et 12 israélites.

Le nombre des *naissances* a été en 1874 de 8,295 ; celui des *décès*, de 5,942 ; celui des *mariages* s'est élevé à 2,793.

La *vie moyenne* est de 42 ans 2 mois.

Le *lycée* de Poitiers a compté, en 1875, 322 élèves; les *colléges communaux* de Châtellerault, Civrai et Loudun, 478 ; 8 *institutions secondaires libres*, 1,041 ; 536 *écoles primaires*, 39,663; 42 *salles d'asile*, 3,712.

Le recensement de 1866 a donné les résultats suivants :

Ne sachant ni lire ni écrire.	191,279
Sachant lire seulement	18,493
Sachant lire et écrire.	108,294
Dont on n'a pu vérifier l'instruction.	5,330
Total de la population civile.	323,396

Sur 22 accusés de crimes en 1873, on a compté :

⁸ Accusés ne sachant ni lire ni écrire.	9
— sachant lire ou écrire imparfaitement. .	11
— sachant bien lire et bien écrire.	1
— ayant reçu une instruction supérieure à ce premier degré.	1

IX. — Divisions administratives.

Le département de la Vienne forme, avec celui des Deux-Sèvres, le diocèse de Poitiers (suffragant de Bordeaux) ; — la 4ᵉ subdivision de la 18ᵉ division militaire du 9ᵉ corps d'armée (Tours). — Il ressortit : à la cour d'appel de Poitiers, — à l'Académie de Poitiers, — à la 18ᵉ légion de gendarmerie (Tours), — à la 15ᵉ inspection des ponts et chaussées, — à la 24ᵉ conservation des forêts (Niort), — à l'arrondissement minéralogique de Nantes (division du Centre), — à la 4ᵉ région agricole (Ouest). — Il comprend : 5 arrondissements (Châtellerault, Civrai, Loudun, Montmorillon, Poitiers), 31 cantons, 300 communes.

Chef-lieu du département : Poitiers, 30,036 habitants.

Chefs-lieux d'arrondissement : Chatellerault, 15,606 h.; Civrai, 2,288 h.; Loudun, 4,493 h. ; Montmorillon, 5,010 h.; Poitiers.

Arrondissement de Châtellerault (6 cantons ; 51 com.; 60,273 hab.; 112,117 hect.).

Canton de Châtellerault (7 com.; 21,806 h.; 18,880 hect.). — Châtellerault — Colombiers — Naintré — Saint-Sauveur — Senillé — Targé — Thuré.

Canton de Dangé (8 com.; 5,968 h.; 16,179 hect.). — Buxeuil — Dangé — Ingrandes — Leugny — Ormes (les) — Oyré — Port-de-Piles — Saint-Remy-sur-Creuse.

Canton de Leigné-sur-Usseau (10 com.; 5,724 h.; 18,153 hect.). Antran — Leigné-sur-Usseau — Mondion — Saint-Christophe — Saint Gervais — Saint-Romain — Sérigny — Usseau — Vaux — Vellèches.

Canton de Lencloître (9 com.; 9,110 h.; 16,102 hect.). — Cernay — Doussay — Lencloître — Orches — Ouzilly — Saint-Genest — Savigny — Scorbé-Clairvaux — Sossais.

Canton de Pleumartin (9 com.; 9,491 h.; 23,569 hect.). — Chenevelles — Coussay-les-Bois — Puye (la) — Leigné-les-Bois — Lésigny — Mairé — Pleumartin — Roche-Posay (la) — Vicq.

Canton de Vouneuil-sur-Vienne (8 com.; 8,174 h.; 19,433 hect.). — Archigny — Availles — Beaumont — Bellefonds — Bonneuil-Matours — Cenon — Montoiron — Vouneuil-sur-Vienne.

Arrondissement de Civrai (5 cantons; 45 com.; 48,094 hab.; 115,588 hect.).

Canton d'Availles (4 com.; 5,527 h.; 19,747 hect.). — Availles-Limousine — Mauprevoir — Pressac — Saint-Martin-Lars.

Canton de Charroux (9 com.; 8,258 h.; 21,288 hect.). — Asnois — Chapelle-Bâton — Charroux — Châtain — Genouillé — Joussé — Payroux — Saint-Romain — Surin.

Canton de Civrai (12 com.; 11,599 h.; 19,807 hect.). — Blanzais — Champagné-le-Sec — Champniers — Civrai — Linazay — Lizant — Saint-Gaudent — Saint-Macoux — Saint-Pierre-d'Exideuil — Saint-Saviol — Savigné — Voulême.

Canton de Couhé (10 com.; 11,721 h.; 22,287 hect.). — Anché — Brux — Ceaux — Châtillon — Chaunay — Couhé — Payré — Romagne — Vaux — Voulon.

Canton de Gençay (10 com.; 11,189 h.; 32,459 hect.). — Brion — Champagné-Saint-Hilaire — Château-Garnier — Ferrière (la) — Gençay — Magné — Saint-Maurice — Saint-Secondin — Sommières — Usson.

Arrondissement de Loudun (4 cant.; 57 com.; 34,537 h.; 85,438 hect.).

Canton de Loudun (14 com.; 10,692 h.; 22,088 hect.). — Arçay — Basses — Beuxes — Ceaux — Chalais — Chaunay — Loudun — Maulay — Messemé — Mouterre-Silly — Rossay — Saint-Laon — Sammarçolles — Veniers.

Canton de Moncontour (17 com.; 8,404 h.; 22,169 hect.). — Angliers — Aulnay — Chaussée (la) — Craon — Frontenay — Grimaudière (la) — Martaizé — Mazeuil — Messais — Moncontour — Notre-Dame-d'Or — Ouzilly — Saint-Cassien — Saint-Chartres — Saint-Clair — Saint-Jean-de-Sauves — Verger-sur-Dive.

Canton de Monts (12 com.; 7,062 h.; 18,457 hect.). — Berthegon — Bouchet (le) — Chouppes — Coussay — Dercé — Guesnes — Monts-sur-Guesnes — Nueil-sous-Faye — Pouant — Prinçay — Saires — Verrue.

Canton des Trois-Moutiers (14 com.; 8,379 h.; 22,724 hect.). — Bournand — Curçay — Glenouze — Morton — Nueil-sur-Dive — Pouançay — Ranton — Raslay — Roiffé — Saint-Léger — Saix — Ternay — Trois-Moutiers — Vezières.

Arrondissement de Montmorillon (6 cant.; 60 com.; 63,240 h., 184,122 hect.).

Canton de Chauvigny (11 com.; 8,830 h.; 21,755 hect.). — Chapelle,

Viviers (la) — Chauvigny — Fleix — Lauthiers — Leignes — Paizay-le-Sec — Pouzioux — Saint-Martial — Saint-Martin-la-Rivière — Saint-Pierre-les-Églises — Sainte-Radegonde.

Canton de l'Isle-Jourdain (10 com.; 10,890 h.; 33,978 hect.). — Adriers — Asnières — Islê-Jourdain (l') — Luchapt — Millac — Moussac-sur-Vienne — Mouterre — Nérignac — Queaux — Vigean (le).

Canton de Lussac (13 com.; 12,535 h.; 136,573 hect.). — Bouresse — Chapelle-Morthemer — Civaux — Gouex — Lhommaizé — Lussac-les-Châteaux — Mazerolles — Morthemer — Persac — Saint-Laurent-de-Jourdes — Salles-en-Toulon — Sillars — Verrières.

Canton de Montmorillon (9 com.; 12,917 h.; 35,631 hect.). — Bourg-Archambault — Jouhet — Lathus — Montmorillon — Moulismes — Pindray — Plaisance — Saint-Remy — Saulgé.

Canton de Saint-Savin (9 com.; 9,691 h.; 26,215 hect.). — Angles — Antigny — Béthines — Bussière (la) — Nalliers — Saint-Germain — Saint-Pierre-de-Maillé — Saint-Savin — Villemort.

Canton de la Trimouille (8 com.; 8,579 h.; 32,170 hect.). — Brigueil-le-Chantre — Coulonges — Haims — Journet — Liglet — Saint-Léomer — Thollet — Trimouille (la).

Arrondissement de Poitiers (10 cant.; 88 com.; 114,454 hab.; 185,499 hect.).

Canton de Lusignan (9 com.; 14,206 h.; 30,482 hect.). — Celle-l'Évêcault — Cloué — Coulombiers — Curzay — Jazeneuil — Lusignan — Rouillé — Saint-Sauvant. — Sanxay.

Canton de Mirebeau (10 com.; 9,494 h.; 15,988 hect.). — Amberre — Champigny-le-Sec — Cherves — Cuhon — Massognes — Mirebeau — Montgauguier — Thurageau — Varennes — Vouzailles.

Canton de Neuville (11 com.; 11,651 h.; 16,058 hect.). — Avanton — Blaslay — Chabournay — Charrais — Chéneché — Cissé — Marigny-Brizais — Neuville — Vendeuvre — Villiers — Yversay.

Canton de Poitiers (nord) (2 com.; 20,892 h.; 6,812 hect.). — Migné — Poitiers (nord).

Canton de Poitiers (sud) (7 com.; 16,727 h.; 9,145 hect.). — Biard — Croutelle — Fontaine-le-Comte — Ligugé — Poitiers (sud) — Saint-Benoît — Vouneuil-sous-Biard.

Canton de Saint-Georges (7 com.; 7,904 h.; 16,524 hect.). — Buxe-rolles — Chasseneuil — Dissais — Jaulnay — Montamisé — Saint-Cyr — Saint-Georges.

Canton de Saint-Julien (12 com.; 6,880 h.; 21,676 hect.). — Bignoux — Bonnes — Chapelle-Molière (la) — Jardres — Lavoux — Liniers — Mignaloux-Beauvoir — Pouillé — Saint-Julien-Lars — Savigny-l'Evescault — Sèvres — Tercé.

Canton de la Villedieu (10 com.; 6,160 h.; 18,578 hect.). — Andillé — Aslonnes — Dienné — Fleuré — Gizay — Nieuil-l'Espoir — Nouaillé — Smarves — Vernon — Villedieu (la).

Canton de Vivonne (6 com.; 6,685 h.; 15,996 hect.). — Château-

Larcher — Iteuil — Marçay — Marigny-Chemereau — Marnay — Vivonne.

Canton de Vouillé (14 com.; 13,797 h.; 34,240 hect.). — Ayron — Benassay — Béruges — Chalandray — Chapelle-Montreuil — Chiré-en-Montreuil — Frozes — Latillé — Lavausseau — Maillé — Montreuil-Bonnin — Quinçay — Rochereau (le) — Vouillé.

X. — Agriculture.

Sur les 697,037 hectares du département, on compte en nombres ronds :

Terres labourables. . . . . 410,600 hectares
Prés. 47,700
Vignes. 29,800
Bois. 78,200
Landes. 90,000

Le reste se partage entre les farineux, les cultures potagères, maraîchères et industrielles, les étangs, les emplacements de villes, de bourgs, de villages, de fermes, les surfaces prises par les routes, les chemins de fer, les cimetières.

En nombres ronds, on compte, dans le département : 56,300 chevaux (surtout de race poitevine), ânes et mulets (exportés en grand nombre en Espagne et en Algérie) ; 94,700 bœufs, recherchés (principalement ceux de Civrai et de Montmorillon) pour l'approvisionnement de Paris; 450,700 moutons estimés ; 67,700 porcs; 34,600 chèvres, dont le lait sert, aux environs de Poitiers et dans le canton de Couhé-Vérac, à fabriquer d'excellents fromages ; et près de 29,000 chiens.

Le pays est un plateau froid en hiver, nu ou couvert de bruyères et de landes, revêtu en plusieurs endroits de belles forêts (de chênes, de frênes, d'aunes et de bouleaux), de bouquets de bois, de taillis, de châtaigniers (principalement du côté de Civrai), et surtout de champs de culture conquis par la ténacité poitevine sur un sol infécond. Les **forêts** les plus considérables sont celles de Moulière (3,435 hectares), de Châtellerault (1,500 hectares), de Scévolle, de Vouillé-Saint-Hilaire (1,182 hectares), de la Guerche, de la Groie, de Saint-Sauvant (670 hectares), de Mareuil (612 hectares). De plus, des rangées d'arbres bordent les fraîches prairies des vallées, et les clairières renferment des semis d'arbres résineux destinés au reboisement. Les principaux arbres fruitiers sont le châtaignier, le noyer et l'amandier.

Le département, peu peuplé, produit, malgré l'aridité du sol, plus de *céréales* qu'il n'en consomme. Les cultures dominantes sont : dans l'arrondissement de Poitiers, le froment, l'avoine et les *légumes* (le marché de Poitiers est l'un des mieux fournis de France en jardinage) ; l'orge, dans celui de Loudun ; les plantes oléagineuses, dans celui de Montmorillon ; le chanvre et les légumes, dans celui de Châtellerault : le canton de Lencloître, le mieux cultivé de cet arrondissement, produit du chanvre, des légumes, des primeurs de toute sorte et des fruits, livrés à l'exportation. Les autres espèces de cultures du département sont le trèfle, le colza, la luzerne, le maïs et la vigne. Les *prairies artificielles* produisent annuellement plus de 3 millions de quintaux métriques de fourrages.

Les *vins* sont généralement médiocres, à l'exception des vins rouges de Saint-Georges-les-Baillargeaux, Dissais, Couture, Chauvigny, Bonnes, Vaux, Champigny, Jaulnay, et des vins blancs de Roiffé, Saix et Salonne.

XI. — Industrie.

L'industrie manufacturière est peu développée dans le département, mais l'exploitation des mines et carrières occupe un certain nombre de bras.

Les *gisements de fer* exploités sont ceux de la Trimouille, de Verrières, de Montmorillon et du Vigean. Le *manganèse* se rencontre aussi sur le territoire, mais il n'est pas utilisé. Plus de 950 *carrières*, — à la Maladrie et au Breuil, près de Chauvigny ; à Buxerolles, à Lavoux, aux Lourdines (commune de Migné), à Lussac-les-Châteaux, à Monts-sur-Guesnes, à Tercé, aux environs de Poitiers, à Bonnillet, à Bonnes, etc., — fournissent les unes d'excellentes pierres calcaires à bâtir et pour la statuaire, les autres des *tufaux* recherchés, des *pierres lithographiques* valant celles de Munich (Bavière), à grain plus fin et plus serré, et de la *pierre à chaux*. Les *pierres meulières* viennent des environs de Vicq et de Lésigny et de la forêt de Lussac. Les cailloux transparents, susceptibles d'être taillés et appelés autrefois diamants de Châtellerault, se rencontrent dans le voisinage de cette ville. Près de Montmorillon, on extrait des calcaires, alimentant de nombreux fours à chaux. Près de Mirebeau, se trouve le grand gisement de *falun* du moulin Pochard.

Parmi les *sources minérales*, il faut citer celles de la Roche-Posay, connues dès le commencement du xviie siècle, et qui s'emploient avec succès dans les maladies de la peau, les scrofules, les fièvres intermittentes, les engorgements chroniques des viscères abdominaux les coliques néphréliques, la chlorose, les leucorrhées, les affections de la vessie, etc. Un établissement d'hydrothérapie a été construit près des sources. Les sources minérales appelées eaux d'Availles sont situées sur le territoire de la Charente.

L'usine la plus considérable de la Vienne est sans contredit la **Manufacture d'armes** de Châtellerault, créée après la paix de 1815, pour remplacer celles de Charleville et de Mézières, situées trop près de la frontière. Cette manufacture, établie dans le faubourg de Châteauneuf, sur les bords de la Vienne, dispose d'une chute d'eau de la force de 350 chevaux, qui fait marcher 5 usines. Il s'y fabrique toutes les armes à feu et toutes les armes blanches en usage dans nos armées de terre et de mer pour les officiers et pour la troupe. Elle peut fournir par an 60,000 armes à feu et 60,000 sabres ou baïonnettes, sans préjudice des pièces de rechange qu'elle expédie aux corps de troupe, ni des armes qu'elle répare ou qu'elle transforme. Il s'y fabrique aussi des cuirasses, des lances, des haches d'abordage et de campement. Les travaux se font à l'entreprise, sous la surveillance d'un lieutenant-colonel d'artillerie portant le titre de directeur. La plupart des ouvriers, au nombre de 1,800 environ, sont engagés envers l'État qui, de son côté, leur doit une retraite après 25 ans de service.

Les ateliers sont au nombre de douze. Les principales opérations qui ont lieu dans les usines consistent : 1° à fabriquer les lames et les fourreaux ; 2° à laminer les tôles pour cuirasses ; 3° à forer, polir et dresser les canons ; 4° enfin à aiguiser les armes blanches. Les autres détails de fabrication se font dans de petits ateliers appelés *boutiques*, établis dans les autres parties de la manufacture et près desquels est un bâtiment, destiné à l'épreuve des canons de fusil.

Dans les salles des bâtiments de recette sont exposés, sur des tableaux, les états successifs par lesquels passe chacune des pièces, depuis celui de matières premières jusqu'à parfait achèvement. On y trouve aussi réunis les modèles de toutes les armes portatives qui ont été en usage depuis 1717 jusqu'à nos jours.

Châtellerault renferme aussi des fabriques de *coutellerie* très-renommée (300,000 douzaines de couteaux par an).

Les autres établissements métallurgiques du département sont deux forges (à Verrières et à Luchapt), les hauts fourneaux de Montmorillon, six fonderies et sept fabriques de machines agricoles, dont la plus renommée est à Montmorillon.

A 3 kilomètres au sud-ouest de Poitiers, la *manufacture de Biard* (filature de coton, bonneterie, blanchisserie, etc.), qui occupait environ 800 ouvriers et livrait chaque année au commerce 80,000 kilogrammes de tricots de coton, a été récemment abandonnée. Marnay a des filatures de laine; Ligugé, une filature de chanvre; Danlot, un effilochage de vieilles étoffes. Loudun fabrique de la passementerie, du tulle et des dentelles; Civrai, Château-Larcher, Couhé, Lusignan, Poitiers, la Roche-Posay, Saulgé, la Trimouille et Vivonne, des serges et de gros draps.

Plusieurs *papeteries* existent à Bonneuil-Matours, Iteuil et Vouneuil-sous-Biard. Les *brasseries* de Châtellerault, Montmorillon et Poitiers fabriquent annuellement plus de 20,000 hectolitres de bière. Poitiers, Châtellerault, Jaulnay, Migné, Mirebeau, Neuville ont des distilleries et

Manufacture d'armes de Châtellerault.

des vinaigreries; Ligugé, une fabrique de gluten; Jaulnay, Châtellerault, Poitiers, des scieries; Châtellerault, Loudun, Poitiers, Mirebeau, des fabriques de bougies, cierges et chandelles; Montmorillon, des fabriques de machines à battre, de ventilateurs et de macarons renommés; Lussac, des corderies; Benassay, Civrai, l'Isle-Jourdain, Poitiers, Verrières et le Vigean, des tanneries; Chauvigny et Civrai, des mégisseries. Poitiers a la spécialité de la préparation des peaux d'oies.

Enfin on trouve dans le département des huileries, de nombreux fours à chaux, à tuiles, briques, poterie et tuyaux de drainage; des moulins à plâtre à Châtellerault, Ingrandes, Jaulnay, Poitiers, la Roche-Posay; et 640 moulins à eau ou à vent.

XII. — Commerce, chemins de fer, routes.

La Vienne *exporte* des grains, des vins et eaux-de-vie, des légumes (asperges, petits pois) et des fruits, des châtaignes, des fourrages, du chanvre, des truffes, des bœufs, des ânes et mulets, des pierres meulières et des pierres lithographiques, de la coutellerie, des peaux ouvrées, et généralement tous les produits de son industrie agricole et manufacturière.

Elle importe des animaux de boucherie (de l'Angoumois et du Limousin), des articles de nouveautés, de modes, de librairie, d'épicerie, de matières premières, des meubles, des denrées coloniales, de la verrerie, de l'orfévrerie, et environ 200,000 quintaux métriques de houille, provenant des bassins de la Loire, de Vouvant et Chantonnay, de Commentry, de la basse Loire, d'Ahun, d'Aubin, de Belgique et d'Angleterre.

Le département est traversé par 6 chemins de fer d'un développement total de 552 kilomètres.

1° Le chemin de fer *de Paris à Bordeaux* entre dans la Vienne, en traversant la Creuse, à 500 mètres au delà de la station de Port-de-Piles, remonte la vallée de la Vienne, puis celle du Clain, et passe dans le département de la Charente à 5 kilomètres et demi au delà de la station de Civrai, après avoir desservi, sur un parcours de 112 kilomètres, les Ormes, Dangé, Ingrandes-sur-Vienne, Châtellerault, les Barres, la Tricherie, Dissais-sur-Vienne, Clan, Chasseneuil, Poitiers, Saint-Benoît, Ligugé, Iteuil, Vivonne, Anché-Voulon, Couhé-Vérac, Épanvilliers et Civrai.

2° La ligne *de Poitiers à Saint-Sulpice-Laurière* passe à Saint-Benoît, Nieuil-l'Espoir, Fleuré, Lhommaizé, au delà duquel elle franchit la Vienne; à Lussac-les-Châteaux, Montmorillon, non loin duquel elle croise la Gartempe; à Lathus, puis entre dans la Haute-Vienne en arrivant à la station de Thiat-Oradour. Parcours, 75 kilomètres.

3° Le chemin de fer *de Poitiers à la Rochelle* a pour stations Saint-Benoît, Coulombiers, Lusignan et Rouillé. Il pénètre 5 kilomètres et demi plus loin dans le département des Deux-Sèvres. Longueur, 38 kilomètres et demi.

4° Le chemin de fer *de Tours à Bressuire* traverse l'extrémité nord-ouest du département où il dessert, sur une longueur de 26 kilomètres et demi, les stations de Beuxes, Loudun et Arçay.

5° Le chemin de fer *de Saumur à Poitiers* entre dans la Vienne à la Motte-Bourbon. Il passe aux gares de la Motte-Bourbon, Saint-Léger-de-Monbrillais, les Trois-Moutiers et Loudun; se confond ensuite jusqu'à Arçay avec la ligne précédente, de Tours à Bressuire, puis dessert Martaizé, Moncontour, Frontenay, Saint-Jean-de-Sauves, Mirebeau, Noiron, Ville-Mal-Nommée, Neuville, Avanton, Migné-Lourdines, Grand-Pont et Poitiers. Parcours, 81 kilomètres.

6° Le chemin de fer *de Poitiers à Bressuire* se détache de la ligne de Saumur à la station de Neuville. Il dessert les stations de Villiers,

Tunnel à la sortie de Poitiers.

Ayron et Challandray, puis il entre dans le département des Deux-Sèvres après un parcours de 21 kilomètres dans celui de la Vienne.

Les voies de communication comptent 15,328 kilomètres, savoir :

6 chemins de fer.		352 kil.
6 routes nationales.		383 1/2
14 routes départementales.		474 1/2
5,332 chemins vicinaux.	63 de grande communication.	1,421
	122 de moyenne communication.	1,935
	5,147 de petite communication.	10,711 1/2
		14067 1/2
5 rivières navigables.		50 1/2

XIII. — Dictionnaire des communes.

Adriers, 1,872 h., c. de l'Isle-Jourdain. ➤ Dolmen. — Église (xii° et xiii° s.) dont la façade a été fortifiée au xv°.

Amberre, 510 h., c. de Mirebeau.

Anché, 641 h., c. de Couhé-Vérac. ➤ Au-dessus du confluent du Clain et de la Bouleure, camp de Sichard, près du champ de bataille (?) où Clovis défit Alaric. Il pouvait contenir 100,000 hommes; il s'y trouve encore des buttes sépulcrales et des tombes en maçonnerie ou en pierres sèches. — Château de Villenon (xv° ou xvi° s.).

Andillé, 680 h., c. de Villedieu. ➤ Dolmens nombreux, dont plusieurs sont ruinés. — Restes d'une grande villa romaine.

Angles-sur-Anglin, 1,400 h., c. de Saint-Savin. ➤ Église romane; belle tour. — Ruines pittoresques du château (xi° au xvi° s.). — Ruines d'une abbaye (xii° s.). — Belles falaises sur l'Anglin.

Angliers, 636 h., c. de Moncontour.

Antigny, 1,012 h., c. de Saint-Savin. ➤ Lanterne des morts ou colonne funéraire, du xiii° s. (monument historique[1]). — Dans l'église (xi° s.), orgues curieuses et fresques (mon. hist.) dans la chapelle seigneuriale (xvi° s.). — Château du Grand-Boismorand; chapelle avec peintures murales.

Antran, 634 h., c. de Leigné-sur-Usseau.

Arçay, 419 h., c. de Loudun. ➤ Énorme dolmen appelé la *pierre du Marais*; autre dolmen ruiné; tombelles.

Archigny, 1,791 h., c. de Vouneuil. ➤ Dolmen. — Ruines de l'abbaye de l'Étoile, fondée en 1124; peintures murales du xvi° s.; salle capitulaire.

Aslonnes, 836 h., c. de la Villedieu. ➤ Beau dolmen.

Asnières, 786 h., c. de l'Isle-Jourdain.

Asnois, 565 h., c. de Charroux. ➤ Monuments druidiques.

Aulnay, 187 h., c. de Moncontour.

Availles, 680 h., c. de Vouneuil.

Availles-Limousine, 2,074 h., ch.-l. de canton de l'arrond. de Civrai, sur la Vienne. ➤ Monuments druidiques.

Avanton, 649 h., c. de Neuville.

Ayron, 1,026 h., c. de Vouillé.

Basses, 260 h., c. de Loudun.

Beaumont, 1,422 h., c. de Vouneuil. ➤ Église romane. — Château féodal de Baudiment.

Bellefonds, 352 h., c. de Vouneuil-sur-Vienne.

Benassay, 1,349 h., c. de Vouillé.

Benoît-de-Quinçay (Saint-), 937 h., c. (sud) de Poitiers. ➤ Restes d'une abbaye; ruines de la salle capitulaire (xii° s.); bâtiments des xv° et xvi° s.; l'église, aujourd'hui paroissiale, est dominée par une tour à flèche du xii° s., haute de 43 mètres. — Arcs de Parigny ou de l'Ermitage, restes d'un aqueduc romain. — Superbes rochers et grottes de Passe-Lourdain, dominant le Clain. — Beaux sites dans les vallées du Clain et du Miosson.

Berthegon, 467 h., c. de Monts.

Béruges, 1,020 h., c. de Vouillé. ➤ Ancienne abbaye du Pin; caves immenses.

Béthines, 1,188 h., c. de Saint-Savin.

Beuxes, 550 h., c. de Loudun. ➤ Beau clocher à flèche.

Biard, 629 h., c. (Sud) de Poitiers.

Bignoux, 350 h., c. de Saint-Julien.

Blanzais, 1,597 h., c. de Civrai.

Blaslay, 383 h., c. de Neuville.

Bonnes, 1,462 h., c. de Saint-Julien-l'Ars. ➤ Église romane; belle

---

[1] On appelle *monuments historiques* les édifices reconnus officiellement comme présentant de l'intérêt au point de vue de l'histoire de l'art, et susceptibles, pour cette raison, d'être subventionnés par l'État; C. signifie canton.

Chauvigny.

coupole. — Belles ruines du château du Teil. — Château de Touffou (xvᵉ s.), sur la Vienne. — A Loubressay, donjon d'Ardenne, avec vastes souterrains.

Bonneuil-Matours, 1,406 h., c. de Vouneuil-sur-Vienne.

Bouchet (Le), 366 h., c. de Monts-sur-Guesnes. ⫸→ Dolmen de la Maison-Neuve, du milieu duquel s'élance un peuplier d'Italie.

Bouresse, 1,152 h., c. de Lussac-les-Châteaux. ⫸→ Grand tumulus. — Église fortifiée du xııᵉ s.; moule à hosties du xıvᵉ s.; tombeau de chevalier. — Curieuses pierres tombales dans le cimetière.

Bourg-Archambault, 664 h., c. de Montmorillon. ⫸→ Château du xvᵉ s., avec tours plus anciennes et chapelle gothique.

Bournand, 857 h., c. des Trois-Moutiers. ⫸→ Église romane; façade remarquable. — Magnifique allée couverte de la Pierre-Folle, longue de 17 mètres, large de 4 à 6; dolmens. — Chapelle de la commanderie de Moulins (xvᵉ s.).

Brigueil-le-Chantre, 1,612 h., c. de Lussac.

Brion, 400 h., c. de Gençay.

Brux, 1,563 h., c. de Couhé-Vérac.

Bussière (La), 921 h., c. de Saint-Savin.

Buxerolles, 648 h., c. de Saint-Georges. ⫸→ Église du xııᵉ s., rebâtie en 1868, renfermant de bons tableaux du xvııᵉ.

Buxeuil, 748 h., c. de Dangé.

Cassien (Saint-), 138 h., c. de Moncontour. ⫸→ Belles ruines d'un château; deux enceintes flanquées de tours et entourées de fossés.

Ceaux, 820 h., c. de Couhé-Vérac. ⫸→ Dans l'église (xııᵉ et xvᵉ s.), quatre tombeaux arqués dont deux ont conservé leurs statues de chevaliers. — Joli château de Monts (xvıᵉ s.)

Ceaux, 936 h., c. de Loudun.

Celle-l'Évêcault, 1,552 h., c. de Lusignan. ⫸→ Beaux sites.

Cenon, 544 h., c. de Vouneuil. ⫸→ Haut pan de mur avec arcade, ruine romaine appelée le *Vieux-Poitiers*. — Près du Vieux-Poitiers, menhir avec une

célèbre inscription gauloise qui a fourni matière à de nombreuses controverses.

Cernay, 449 h., c. de Lencloître.

Chabournay, 788 h., c. de Neuville.

Chalais, 670 h., c. de Loudun.

Chalandray, 913 h., c. de Vouillé.

Champagné-le-Sec, 472 h., c. de Civray. ⫸→ Église du xııᵉ s.

Champagné-Saint-Hilaire, 1,628 h., c. de Gençay. ⫸→ Ruines de l'abbaye de Moraux. Curieuse façade romane de l'église; deux statues foulant aux pieds un lion et un bœuf; inscriptions rimées. Restes de la nef; salle capitulaire romane; autres bâtiments des xııᵉ, xıvᵉ et xvıᵉ siècles.

Champigny-le-Sec, 1,074 h., c. de Mirebeau. ⫸→ Cinq dolmens.

Champniers, 777 h., c. de Civrai. ⫸→ Lanterne des morts (xııᵉ s.).

Chapelle-Bâton (La), 909 h., c. de Charroux. ⫸→ Église du xvᵉ s.; fresques intéressantes. — Deux monuments druidiques appelés la Pierre-Folle et la Grande-Borne.

Chapelle-Montreuil (La), 941 h., c. de Vouillé.

Chapelle-Morthemer (La), 374 h., c. de Lussac.

Chapelle-Moulière (La), 592 h., c. de Saint-Julien.

Chapelle-Viviers (La), 563 h., c. de Chauvigny.

Charrais, 813 h., c. de Neuville.

Charroux, 1,780 h., ch.-l. de c. d l'arrond. de Civrai. ⫸→ Magnifique clocher octogonal du xııᵉ s. (monument historique) et salle du xvᵉ s., restes de la célèbre abbaye de Charroux, fondée par Charlemagne. — Dans l'église paroissiale, riche trésor de reliques et de châsses provenant de l'abbaye. Nombreux et remarquables monuments druidiques ou *mégalithiques* (c'est le nom que les savants donnent aujourd'hui à ces sortes d'antiquités) : dolmens, alignements, tombelles, enceintes retranchées en pierres sèches. — Camps romains du Saudours et du Grand-Autel.

Chartres (Saint-), 434 h., c. de Moncontour. ⫸→ Château ruiné; beau donjon cylindrique.

Chassaignes. *V.* Mouterre.

Chasseneuil, 1,247 h., c. de Saint-Georges. ⥤ Motte appelée le camp romain, et regardée par quelques savants comme l'emplacement du palais carlovingien de *Cassinogilum* (d'après la plupart des critiques, c'est à Casseuil, près la Réole, que cette villa aurait existé).

Châtain, 905 h., c. de Charroux. ⥤ Pierre druidique. — Tumulus. — Église romane.

Château-Garnier, 1,193 h., c. de Gençay. ⥤ Camp romain.

Château-Larcher, 683 h., c. de Vivonne. ⥤ Plateau de Thorus, où se trouvent plus de trente tombelles avec ou sans dolmens, et qu'un archéologue célèbre, M. de Caumont, appelait le *champ incomparable.* — Belle source de Fonjoise. — Église du xıı° s., flanquée d'une grosse tour ronde et reliée à un grand château en ruine. — Lanterne des morts du xıı° s. (monument historique) dans le cimetière.

Châtellerault, 15,606 h., ch.-l. d'arrond., sur la Vienne, ville célèbre par sa manufacture d'armes. ⥤ *Église Saint-Jacques* (monument hist.), du xıı° s.; jolie façade romane, moderne, flanquée de deux tours inachevées; magnifique décoration intérieure. — *Saint-Jean-Baptiste* (1469), restaurée de nos jours; clocher moderne surmonté d'une flèche en pierre. — *Pont* (1565-1609), long de 144 mètres, large de 21, flanqué de grosses tours aux deux extrémités.

Châtillon, 175 h., c. de Couhé-Vérac. ⥤ Camp romain considérable, long de 400 mètres, large de 100; remparts hauts de 15 mètres; fossés. — Grotte de la Groie.

Chaunay, 2,206 h., c. de Couhé-Vérac. ⥤ Église du xıı° s.; jolis détails. — Enceinte et fossés gaulois ou romains.

Chaussée-de-Renoué (La), 335 h., c. de Montcontour.

Chauvigny, 2,078 h., ch.-l. de c. de l'arrond. de Montmorillon, sur la Vienne. ⥤ *Église Notre-Dame,* du xıı° s.; trois jolies absides; fresque du xv° s., représentant le Christ portant sa croix, suivi de pontifes et d'évêques. — *Église Saint-Pierre* (mon. hist.), du commencement du xıı° s.; charmants détails, surtout dans les modillons; chœur entouré d'un rond-point dont les curieux chapiteaux présentent des bas-reliefs et des inscriptions. Deux tombeaux de prêtres, du xıı° s., avec statues; jolie Vierge en bois du xvıı° s.; cuve baptismale romane. — Ruines imposantes du grand *château baronnial* ayant appartenu aux évêques de Poitiers; beau donjon (monument historique) du xı° s., rectangulaire et flanqué de contre-forts; pans de murs et restes de tours du xv° s. — Bâtiment du xıı° s., servant de gendarmerie, reste du *château d'Harcourt.* — Donjon carré entouré d'une enceinte, reste du *château de Mauléon.* — *Maison* du xv° s.; autre *maison* ancienne, de la Renaissance. — *Église Saint-Martial* (xıı° s.), ne servant plus au culte. — *Vallée des Goths,* où se remarquent des amoncellements de pierres brutes qui ont dû être des remparts. — Pittoresque *caverne* à ossements *de Jioux,* « le type le plus complet et le mieux caractérisé des cavernes fermées ou fortifiées de main d'homme qui existent en France. » L'entrée est défendue par cinq blocs de rochers énormes, plantés debout. — Curieux rochers de David.

Chéneché, 359 h., c. de Neuville. ⥤ Motte entourée de fossés et recouvrant un souterrain. — Château flanqué de tours.

Chenevelles, 790 h., c. de Pleumartin. ⥤ Église des xıı° et xıı° s.; beau clocher avec flèche en pierre.

Cherves, 1,152 h., c. de Mirebeau.

Chiré-en-Montreuil, 975 h., c. de Vouillé.

Chouppes, 839 h., c. de Monts.

Christophe (Saint-), 587 h., c. de Leigné-sur-Usseau. ⥤ Église des xıı° et xıı° s.; flèche en pierre.

Cissé, 1,020 h., c. de Neuville. ⥤ Galerie mégalithique.

Civaux, 951 h., c. de Lussac-les-Châteaux. ⥤ Église des xıı° et xıı° s.; chapiteaux symboliques; tour à trois étages, avec flèche en pierre. Cimetière avec chapelle (xıı° s.), entouré d'un grand cercle de pierres tombales verticales; nombreux sarcophages du vi^e au xve s.; dalle tumulaire avec inscription mérovingienne. — Tour-aux-Cognons, reste d'une puissante forteresse des xiie et xiiie s.

Civrai, 2,288 h., ch.-l. d'arrond., sur la Charente. ➠→ *Église Saint-Nicolas* (mon. hist., xiie s.), à trois nefs, transsept et trois absides; magnifique façade couverte de sculptures, de bas-reliefs et de statuettes; elle se divise en deux étages ornés chacun de trois grandes arcades; l'arcade centrale du rez-de-chaussée forme le portail; sur une arcade latérale du premier étage, statue équestre horriblement mutilée. Clocher octogonal sur le transsept. Peintures murales à personnages, du xve s. — *Saint-Clémentin*, église du xiie s., convertie en grange. — Restes d'une *commanderie* (xiie et xve siècles). — Ruines du château (xiie s.). — *Maison* sculptée du xve s.

Clair (Saint-), 529 h., c. de Montcontour.

Claunay, 490 h., c. de Loudun. ➠→ Ruines du château de la Chapelle-Bellouin (xvie s.).

Cloué, 525 h., c. de Lusignan.

Colombiers, 1,011 h., c. de Châtellerault. ➠→ Église des xiie et xve s.

Couhé-Vérac, 1,749 h., ch.-l. de c. de l'arrond. de Civrai. — Tumulus. — Sur la place du Marché, deux tombeaux du xiie s. servant de bornes, et halles remarquables. — Église ruinée et salle voûtée, restes de l'abbaye de Valence (xiiie s.).

Coulombiers, 749 h., c. de Lusignan.

Coulonges, 822 h., c. de la Trimouille. ➠→ Magnifique ormeau du temps de Sully.

Coussais-les-Bois, 1,214 h., c. de Pleumartin. ➠→ Église romane à coupoles.

Coussay, 556 h., c. de Monts. ➠→ Château de la Renaissance; larges fossés alimentés par une jolie fontaine.

Craon, 397 h., c. de Moncontour. ➠→ Église ogivale intéressante; trois statues sur la façade.

Croutelle, 229 h., c. (sud) de Poitiers.

Cuhon, 654 h., c. de Mirebeau.

Curçai, 592 h., c. des Trois-Moutiers. ➠→ Église des xiie et xve siècles. — Donjon à mâchicoulis. — Joli manoir du xvie s.

Curzay, 849 h., c. de Lusignan. ➠→ Source intermittente de la Jollière.

Cyr (Saint-), 626 h., c. de Saint-Georges. ➠→ Menhir de la Bourdillière. — Tumulus.

Dangé, 816 h., ch.-l. de c. de l'arrond. de Châtellerault.

Dercé, 450 h., c. de Monts. ➠→ Église; peintures murales du xve s.

Dienné, 400 h., c. de la Villedieu.

Dissais, 1,112 h., c. de Saint-Georges. ➠→ Magnifique château, bâti au xvie s.; jolie chapelle ogivale; galerie ornée de vitraux; pavés émaillés.

Doussay, 817 h., c. de Lencloître.

Ferrière (La), 540 h., c. de Gençay. ➠→ Tumulus. — Deux mottes féodales entourées de fossés.

Fleix, 241 h., c. de Chauvigny.

Fleuré, 348 h., c. de la Villedieu.

Fontaine-le-Comte, 734 h., c. (sud) de Poitiers. ➠→ Église, autrefois abbatiale (monument historique) du xiie s. Ancienne porte de l'abbaye.

Frontenay, 575 h., c. de Montcontour.

Frozes, 445 h., c. de Vouillé. ➠→ Dolmen de l'Abbie, qui paraît avoir eu une enceinte de pierres dont trois sont encore debout. — Beau dolmen de la Dehors, dont la table a 6 mèt. de longueur.

Gaudent (Saint-), 416 h., c. de Civrai.

Gençay, 1,202 h., ch.-l. de c. de l'arrond. de Civrai. ➠→ Au confluent de la Clouère et de la Belle, ruines (mon. hist.) d'un château des xiiie et xive s., flanqué de tours rondes et carrées; entrée percée dans un quadrilatère formé de quatre tours. — Château de la Roche (xvie et xviie s.).

Genest-d'Ambières (Saint-), 1,413 h., c. de Lencloître.

Genouillé, 1,340 h., c. de Charroux.

Georges (Saint-), 1,570 h., ch.-l. de

Façade de Notre-Dame la Grande, à Poitiers.

c. de l'arrond. de Poitiers. ⮕ Dolmen. — Château de Vaires (fin du XVIᵉ s.); vaste colombier.

Germain (Saint-), 802 h., c. de Saint-Savin.

Gervais-d'Avrigny (Saint-), 1,521 h., c. de Leigné-sur-Usseau.

Gizay, 455 h., c. de la Villedieu. ⮕ Joli château du Petit-Chabonneau (XVᵉ s.).

Glenouze, 209 h., c. des Trois-Moutiers.

Gouex, 700 h., c de Lussac-les-Châteaux. ⮕ Grottes. — Dolmen.

Grimaudière (La), 535 h., c. de Moncoutour. ⮕ Belle source au milieu du village.

Guesnes, 672 h., c. de Monts.

Hains, 669 h., c. de la Trimouille. ⮕ Joli clocher du XIVᵉ s., avec flèche ornée de crochets.

Ingrandes-sur-Vienne, 956 h., c. de Dangé. ⮕ Saint-Pierre et Saint-Ustre, églises romanes. — Dans le château de Saint-Ustre, toile de Mignard; autre beau tableau d'un auteur inconnu. —Vastes souterrains-refuges de la Saulnerie.

Isle-Jourdain (L'), 952 h., ch.-l. de c. de l'arrond. de Montmorillon. ⮕ Église romane.

Iteuil, 1,100 h., c. de Vivonne. ⮕ Château ruiné de Clavière.

Jardres, 456 h., c. de Saint-Julien.

Jaulnay, 2,003 h., c. de Saint-Georges. ⮕ Tour de Brin, grand donjon carré du XVᵉ s.

Jazeneuil, 1,109 h., c. de Lusignan. ⮕ Église du XIIᵉ s.

Jean-de-Sauves (Saint-), 1,488 h., c. de Moncoutour.

Jouhet, 710 h., c. de Montmorillon. ⮕ Église de la fin du XIIᵉ s.; dans une chapelle, peintures murales du XVᵉ s.

Journet, 1,075 h., c. de la Trimouille. ⮕ Lanterne des morts (XIIᵉ s.). — Curieuse église romane de Villesalem, reste d'un prieuré dépendant de l'abbaye de Fontevrault; elle sert maintenant de grange. Elle comprend trois belles nefs, un transsept flanqué d'absidioles et une abside. L'extérieur est plus orné que l'intérieur;

on remarque surtout la ravissante façade du nord, où « l'exubérance de l'ornementation est telle, dit un savant archéologue, que l'on dirait que la pierre a fleuri sous le ciseau de l'artiste. » La porte est surmontée d'une quadruple archivolte, à sculptures variées; la façade est en outre percée de quatre fenêtres revêtues de riches moulures. La façade de l'ouest est moins riche; mais elle présente aussi une belle ornementation.

Joussé, 484 h., c. de Charroux.

Julien-Lars (Saint-), 827 h., ch.-l. de c. de l'arrond. de Poitiers. ⮕ Quatre enceintes de retranchements en terre, semblables à des camps romains. — Château fort du XVIᵉ s.

Laon (Saint-), 205 h., c. de Loudun. ⮕ Dolmen considérable de Chanterault; dolmen de Pierre-de-Vert; deux autres dolmens, ruinés; demi-dolmen. — Église entourée d'une enceinte fortifiée.

Lathus, 2,372 h., c. de Montmorillon. ⮕ Dolmen. — Donjon ruiné de Cluzeau (XIIᵉ s.). — Pont pittoresque d'Ousilly.

Latillé, 1,544 h., c. de Vouillé.

Laurent-de-Jourdes (Saint-), 258 h., c. de Lussac.

Lauthiers, 169 h., c. de Chauvigny.

Lavausseau, 853 h., c. de Vouillé.

Lavoux, 622 h., c. de Saint-Julien-Lars. ⮕ Château de Boisdoucet (XVIᵉ et XVIIᵉ s.).

Léger-de-Montbrillais (Saint-), 792 h., c. des Trois-Moutiers. ⮕ Allée couverte et demi-dolmen. — Église romane; curieux portail; flèche en pierre.

Leigné-les-Bois, 700 h., c. de Pleumartin. ⮕ Dolmen. — Camp romain.

Leigné-sur-Usseau, 368 h., ch.-l. de c. de l'arrond. de Châtellerault. ⮕ La Grand'Borne, monument mégalithique.

Leignes, 949 h., c. de Chauvigny.

Lencloître, 1,939 h., ch.-l. de c. de l'arrond. de Châtellerault, dans une pleine fertile. ⮕ Église du XIIᵉ s., à trois nefs; beau clocher.

Léomer (Saint-), 486 h., c. de la Trimouille. ⮕ Lanterne des morts.

Lésigny, 793 h., c. de Pleumartin.

Leugny-sur-Creuse, 505 h., c. de Dangé.

Lhommaizé, 952 h., c. de Lussac.

Liglet, 1,203 h., c. de la Trimouille.

Ligugé, 1,488 h., c. (sud) de Poitiers. ➤ Église (mon. hist.) de la fin du xv° s. et bâtiments flanqués de tourelles, restes d'une des plus anciennes abbayes de France : elle fut fondée par saint Martin, en 360.

Linazay, 494 h., c. de Civrai.

Liniers, 417 h., c. de Saint-Julien.

Lizant, 875 h., c. de Civrai.

Loudun, 4,493 h., ch.-l. d'arrond. ➤ Deux *dolmens.* — Débris de l'ancienne *enceinte,* longue de 2,200 mèt.; *porte du Martray,* entre deux tours

Saint-Porchaire, à Poitiers.

rondes. — Restes du *château;* curieux et important donjon carré du xii° s., haut de 27 mètres, flanqué de contreforts; vue magnifique de la promenade du Château. — *Saint-Pierre du Martray,* église de la dernière période gothique; riche ornementation; charmante crédence; tableau sur bois du xv° s.; bons tableaux sur toile. — *Sainte-Croix,* belle église du xii° s., convertie en halle; 53 mètres de longueur; trois nefs; transept; abside avec rond-point. — *Place Sainte-Croix,* sur laquelle fut brûlé Urbain Grandier. — *Saint-Pierre du Marché,* du commencement du xiii° s., remaniée plus tard; riche portail de la Renaissance; clocher à flèche du xv° s. — *Église* abandonnée de *Saint-Jean* (xɪᵉ et xvᵉ s.), ancienne propriété des chevaliers de Malte. — Beaux restes de l'*église des Cordeliers* (xɪɪɪᵉ s.). — L'ancien *couvent des Carmes* et sa vieille église sont inoccupés. — *Bâtiment* du xvᵉ s., ayant fait partie du couvent des Cordeliers. — *Maison de la Renaissance*, ayant appartenu aux Sainte-Marthe. — *Manoir de la Bâtie:* cuisine avec cheminée monumentale; salle des gardes; souterrains-refuges; collection d'antiquités.

Luchapt, 953 h., c. de l'Isle-Jourdain.

Lusignan, 2,521 h., ch.-l. de c. de l'arrond. de Poitiers. ⟶ Église bâtie de 1024 à 1100, restaurée de nos jours (monument historique), longue de 57 mètres; trois nefs; clocher orné de riches arcades; beaux chapiteaux. — Belle source de Font-de-Cé.

Lussac-les-Châteaux, 1,791 h., ch.-l. de c. de l'arrond. de Montmorillon, sur la Vienne. ⟶ Deux cavernes à ossements. — Église romane. — Constructions ruinées appelées l'Ermitage.

Macoux (Saint-), 732 h., c. de Civrai. ⟶ Belle grange voûtée (xvɪᵉ s.), reste du château de Comporté.

Magné, 743 h., c. de Gençay.

Maillé, 492 h., c. de Vouillé.

Mairé-le-Gautier, 484 h., c. de Pleumartin.

Marçay, 935 h., c. de Vivonne.

Marigny-Brizay, 836 h., c. de Neuville.

Marigny-Chémereau, 619 h., c. de Vivonne.

Marnay, 1,056 h., c. de Vivonne.

Martaizé, 795 h., c. de Moncontour.

Martial (Saint-), 590 h., c. de Chauvigny.

Martin-la-Rivière (Saint-), 1,144 h., c. de Chauvigny. ⟶ Camp romain de Bonneuil. — Église du xɪɪɪᵉ au xvᵉ s.; flèche en pierre.

Martin-Lars (Saint-), 1,053 h., c. d'Availles. ⟶ Sur un coteau, nombreuses traces de murs en pierres sèches, présumés gaulois. — Tombelle. — Deux dolmens. — Camp romain, à deux enceintes, de la Bergerie.

— Ruines de l'abbaye de la Reau (xɪɪɪᵉ et xvᵉ s.), entourées de deux enceintes fortifiées. — Chêne de Combe, dont le tronc a 13 mèt. de circonférence à la base; la hauteur totale de l'arbre est d'environ 48 mètres.

Massognes, 600 h., c. de Mirebeau.

Maulay, 398 h., c. de Loudun.

Mauprevoir, 1,256 h., c. d'Availles. ⟶ Camp romain.

Maurice (Saint-), 1,158 h., c. de Gençay. ⟶ Église remarquable du xɪɪᵉ s.; le transsept, flanqué de deux absidioles à l'orient, est lui-même terminé par deux absides semblables à celle du chœur, et richement ornées comme elle.

Mazerolles, 718 h., c. de Lussac-les-Châteaux. ⟶ Église du xɪɪᵉ s.; statue romane; vieille fresque. — Sur une pile ruinée de l'ancien pont, tombeau du célèbre capitaine anglais Jean Chandos (1369).

Mazeuil, 619 h., c. de Moncontour.

Messais, 328 h., c. de Moncontour.

Messemé, 504 h., c. de Loudun. ⟶ Vieux château flanqué de grosses tours.

Mignaloux-Beauvoir, 560 h., c. de Saint-Julien.

Migné, 2,713 h., c. de Poitiers. ⟶ Château d'Auzance (xvᵉ siècle).

Millac, 1,046 h., c. de l'Isle-Jourdain.

Mirebeau, 2,646 h., ch.-l. de c. de l'arrond. de Poitiers. ⟶ Églises Saint-André (xɪɪᵉ et xvᵉ s.) et Notre-Dame (xɪɪᵉ, xɪɪɪᵉ et xvɪᵉ s.; stalles de la Renaissance). — A Sainte-Radegonde-de-Marconnay, ruines d'un château. — Ruines des anciens remparts, bâtis sur un rocher crayeux dans lequel sont creusées des habitations.

Moncontour, 720 h., ch.-l. de c. de l'arrond. de Loudun. ⟶ Donjon carré à contre-forts, du xɪᵉ s., haut de 24 mètres, en partie renversé par Duguesclin en 1372, restauré depuis; restes du château; chapelle du xɪɪᵉ s., avec transsept et trois absides, présentant à la voûte des traces de fresques.

Mondion, 209 h., c. de Leigné-sur-Usseau.

Montamisé, 898 h., c. de Saint-Georges.

Montgauguier, 664 h., c. de Mirebeau.

Montmorillon, 5,010 h., ch.-l. d'arrond., sur la Gartempe. ⟫⟶ *Église Notre-Dame* (mon. hist.), de l'époque gothique; crypte du xi⁰ s. avec curieuses fresques. — Belle *église Saint-Pierre* (style du xiv⁰ s.), moderne; haute flèche en pierre sur la grande tour; petit clocher du xiii⁰ s., reste de l'ancienne église. — *Chapelle* romane du *petit séminaire*, en partie moderne; curieux bas-relief du xii⁰ s., sur la porte; belles peintures murales de 1866; à côté de la chapelle, cuisines d'un ancien monastère, petite rotonde romane. — *Octogone* (mon. hist.), ancienne chapelle romane à deux étages, de forme polygonale; curieux bas-reliefs.

Montoiron, 568 h., c. de Vouneuil.

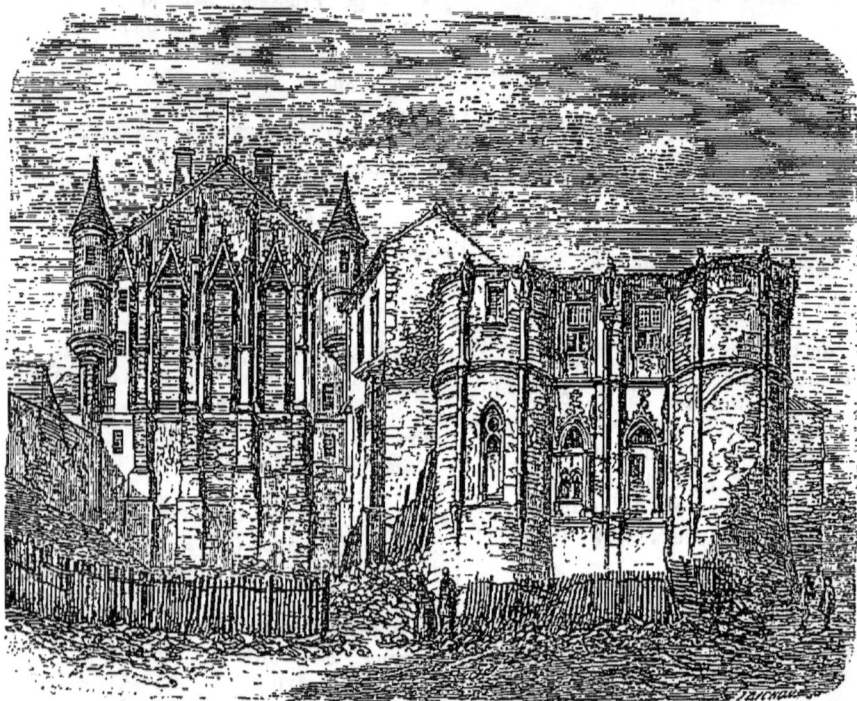

Palais de Justice de Poitiers.

Montreuil-Bonnin, 700 h., c. de Vouillé. ⟫⟶ Donjon (mon. hist.), bâti par Richard Cœur de Lion, remanié au xv⁰ s.; enceinte de hautes murailles flanquées de six tours; inscription juive de 1238.

Monts-sur-Guesnes, 884 h., ch.-l. de c. de l'arrond. de Loudun.

Morthemer, 341 h., c. de Lussac. ⟫⟶ Église romane, ancienne collégiale; deux élégants tombeaux des xiv⁰ et xv⁰ s.; cette église est accolée à un château du xv⁰ s., flanqué d'un donjon pentagonal. — Donjon de Cogniac (xii⁰ s.).

Morton, 439 h., c. des Trois-Moutiers.

Moulismes, 879 h., c. de Montmorillon.

Moussac, 1,009 h., c. de l'Isle-Jourdain.

Mouterre, 597 h., c. de l'Isle-Jourdain. ⟫⟶ A Chassaignes, dolmen et église du xii⁰ s. ornée de peintures murales.

Mouterre-Silly, 857 h., c. de Loudun.

Naintré, 1,883 h., c. de Châtellerault. ⤳ Église des XIIᵉ et XIIIᵉ s. — Donjon carré de la Tour-de-Naintré, flanqué de quatre tourelles.

Nalliers, 581 h., c. de Saint-Savin.

Nérignac, 270 h., c. de l'Isle-Jourdain.

Neuville, 3,456 h., ch.-l. de c. de l'arrond. de Poitiers. ⤳ Dolmen.

Nieuil, 736 h., c. de la Villedieu.

Notre-Dame-d'Or, 229 h., c. de Moncontour.

Nouaillé, 835 h., c. de la Villedieu. ⤳ Deux dolmens renversés. — Restes d'une abbaye fondée en 799 : grande église du XIIᵉ s. (mon. **hist.** ; donjon; enceinte fortifiée; jubé de 1599. Pavillon octogonal élégant du XVᵉ s.; cheminée gothique; entrée flanquée de deux fortes tours. — Près d'Availle, restes du prieuré Sainte-Marie; portail roman accolé à une porte élégante de la Renaissance. —ªA Montvinard, chapelle du XIIIᵉ ou du XIVᵉ s., autrefois pèlerinage célèbre. — Ferme de la Cardinerie, l'ancien Maupertuis, où se livra la bataille de 1356 (V. *Histoire*). — Dans l'agreste vallée du Miosson, caverne à ossements de Pron.

Nueil-sous-Faye, 493 h., c. de Monts.

Nueil-sur-Dive, 610 h., c. des Trois-Moutiers. ⤳ Ruines d'un prieuré; salle capitulaire romane; restes de l'église (XIIᵉ s.). — Château ruiné de Berrye, sur un rocher creusé de nombreuses habitations.

Orches, 759 h., c. de Lencloître.

Ormes (Les), 1,246 h., c. de Dangé. ⤳ Deux tombelles. — Château; galerie décorée de peintures représentant les batailles du règne de Louis XV; parc magnifique.

Ouzilly, 1,003 h., c. de Lencloître.

Ouzilly-Vignolles, 312 h., c. de Moncontour.

Oyré, 750 h., c. de Dangé. ⤳ Église du XIᵉ s.; anciennes peintures murales.

Paizé-le-Sec, 756 h., c. de Chauvigny. ⤳ Église du XIᵉ s.

Payré, 1,489 h., c. de Couhé-Vérac.

Payroux, 852 h., c. de Charroux.

Persac, 1,862 h., c. de Lussac-les-Châteaux. ⤳ Église romane; flèche bâtie en 1315. — Joli château gothique de la Boulonnière (XVIᵉ s.).

Pierre-de-Maillé (Saint-), 2,061 h., c. de Saint-Savin.

Pierre-d'Exideuil (Saint-), 732 h., c. de Civrai. ⤳ Église romane.

Pierre-les-Églises (Saint-), 1,841 h., c. de Chauvigny. ⤳ Église romane ornée d'anciennes fresques, restaurées. — A Montauban, vastes ruines de fortifications. — A Montafilant, nombreux débris de constructions romaines et féodales.

Pindray, 617 h., c. de Montmorillon. ⤳ Vieux château de Prunier.

Plaisance, 422 h., c. de Montmorillon.

Pleumartin, 1,351 h., ch.-l. de c. de l'arrond. de Châtellerault.

Poitiers, 30,036 h., ch.-l. du département, sur une colline rocheuse, entre le Clain et la Boivre; c'est une des villes les plus curieuses de toute la France, au point de vue monumental. ⤳ Au-dessus du faubourg Saint-Saturnin, *Pierre-Levée* (mon. hist.), dolmen dont la table a près de 7 mèt. de longueur. — Restes des antiques *arènes*. — La *cathédrale*, ou l'*église Saint-Pierre* (mon. hist.), commencée en 1162 par Henri II, roi d'Angleterre, et sa femme Éléonore de Guyenne, achevée deux siècles après, est une longue (96 mètres) salle rectangulaire de huit travées, partagée en trois nefs presque égales. Deux chapelles carrées simulent un transsept. La façade, commencée au milieu du XIIᵉ s., date, dans ses parties supérieures, du XIVᵉ et même du XVᵉ s. Les trois portails sont ornés de sculptures et de bas-reliefs remarquables; leurs vantaux datent du XIVᵉ s. Les deux tours, qui ne tiennent à l'édifice que par un de leurs angles, sont inachevées; elles n'ont que 32 et 34 mèt. de hauteur. La porte Saint-Michel, sur le flanc nord de la cathédrale, offre aussi de belles sculptures du XIIIᵉ s. figurant la Vie de la Vierge. L'intérieur est d'un effet grandiose qu'augmente ncore le rétrécissement des nefs vers le chevet; les voûtes sont remarquables par leur ampleur, leur galbe gracieux et leur élévation (30 mètres). Le vitrail terminal, le plus ancien, offre les effigies d'Henri II et d'Éléonore; les autres vitraux du chœur et ceux des croisillons datent des XIIᵉ et XIIIᵉ s., et brillent encore des plus vives couleurs. Les stalles du chœur comptent parmi les plus anciennes et les plus intéressantes qu'on puisse voir; les siéges datent du XIIIᵉ s., les hauts dossiers du XIVᵉ; elles ont été malheureusement encroûtées sous une épaisse couche de couleur brune. L'autel est moderne et magni-

Sainte-Radegonde, à Poitiers.

fique. On remarque encore à Saint-Pierre : un tableau sur bois de 1595, relatif à la conversion d'Henri IV; le tombeau de Mgr Bouillé († 1842); un bon tableau représentant l'Institution du Rosaire; et, dans la sacristie, les portraits des évêques depuis 1585. Le gros bourdon pèse 9,000 kilogr.

Église Notre-Dame (mon. hist.), du XIIᵉ s., est plus ancienne (VIIIᵉ s.?) dans quelques parties basses. Elle est célèbre surtout pour sa splendide façade du XIIᵉ s. (*V.* la gravure, p. 39), qui n'a de rivale que celle de Saint-Pierre d'Angoulême; c'est un immense bas-relief représentant la Chute et la Rédemption dé l'homme. Deux beaux clochetons cylindriques, portés par des faisceaux de longues colonnes et couronnés par des pyramides en écaille, flanquent le pignon. Une fresque du xiii° s. décore la voûte de l'abside; dans une chapelle, *Saint-Sépulcre* du xvi° s. Le clocher est une curieuse tour cylindrique avec flèche, du xii° s., malheureusement très-mutilée. — *Montierneuf* (mon. hist.) est une ancienne église abbatiale, consacrée en 1096 par le pape Urbain II, en partie rebâtie au xiii° s.; elle comprend trois nefs, un transsept et une abside avec bas côté; malheureusement certaines parties ont été très-remaniées vers 1820. Le chœur est remarquable par sa légèreté. — *Sainte-Radegonde* (mon. hist.) date de 1099; elle n'a conservé de cette époque que l'abside avec rond-point et un beau clocher roman, sous lequel s'ouvre une porte du xv° s.; la nef, sans bas côtés, a été reconstruite à la fin du xii° s. et remaniée cent ans plus tard; ses voûtes sont fort belles. La *crypte* renferme le tombeau et les reliques vénérées de sainte Radegonde, épouse de Clotaire I°r; deux autres saintes, Agnès et Disciole, y sont ensevelies. La sacristie (xii° s.) offre des vitraux remarquables et d'anciennes peintures. — *Saint-Porchaire* (xvi° s.) n'a conservé d'intéressant que sa belle tour romane (mon. hist.), ornée de chapiteaux historiés. Tableau de J. Boucher (1618). — *Saint-Hilaire*, dont la nef, presque en entier détruite, vient d'être relevée sur un plan restreint, présente aux antiquaires de nombreux sujets d'études par sa construction originale, les inexplicables remaniements qu'elle a subis et la date reculée de plusieurs parties de l'abside et du transsept (viii° et x° s.). Fragments de peintures du xi° s. Près de Saint-Hilaire est une construction romane. L'ancien Doyenné, occupé par l'École normale, date du xvi° s.— Beaux restes du chœur de l'*église Saint-Nicolas* (xii° s.), dans la cour d'un hôtel. — Le *temple Saint-Jean* (mon. hist.),·antique baptistère, est regardé comme l'édifice chrétien le plus ancien qui existe en France (iv° s.); il a la forme d'un rectangle, flanqué latéralement de deux absides. Le chevet est orné de moulures et d'arcades rappelant la décoration romaine. A l'intérieur, belles peintures du xii° s. Cet édifice a été entièrement restauré.

Le *Palais de Justice*, ancien palais des comtes de Poitou (mon. hist.), renferme une magnifique salle des Pas-Perdus (xiv° au xv° s.), qui a conservé sa charpente primitive et à l'extrémité de laquelle sur trois vastes cheminées sont surmontées de splendides fenêtres; ce bâtiment est relié à un beau donjon barlong de la fin du xiv° s., voûté en plusieurs travées et flanqué de quatre tours cylindriques. — Somptueuse *préfecture* (1865). — *Prévôté*, aujourd'hui école chrétienne; belle façade du xv° s. — *Chapelle du lycée* (1605-1610); beau tabernacle du xviii° s. — *Grand séminaire*; chapelle du xvii° s., dont la première pierre fut posée par Louis XIV; bibliothèque de 12,000 volumes (deux très-beaux manuscrits du xv° s.). — *Musée*, considérablement enrichi de médailles (plusieurs milliers), d'inscriptions et d'antiquités diverses par l'importante Société des antiquaires de l'Ouest; les tableaux sont encore peu nombreux. — *Bibliothèque* (30,000 volumes, 400 manuscrits, 214 incunables); évangéliaire du viii° s.; psautier attribué au roi René d'Anjou. — *Facultés* de droit, des sciences, des lettres; école préparatoire de médecine et de pharmacie. — *Hôtel de ville*, terminé en 1875. — *Parc de Blossac*, magnifique promenade; deux beaux groupes représentant la *Douleur maternelle* et la *Joie maternelle*, par Étex. — *Fontaine* du xv° s., près du Clain. — Restes des *murailles d'enceinte* (xiv° s.); tour isolée, près de la gare.

Port-de-Piles, 412 h., c. de Dangé.

Pouançay, 212 h., c. des Trois-Moutiers.

Pouant, 534 h., c. de Monts.

Pouillé, 250 h., c. de Saint-Julien-Lars.

Pouzioux, 468 h., c. de Chauvigny.

Pressac, 1,144 h., c. d'Availles. ➡️➡️ Église romane fortifiée; beau portail du xii° s.

Prinçay, 440 h., c. de Monts. ➡️➡️

Beaux restes du château de la Roche-du-Maine; jolis détails de la Renaissance.

Puye (La), 1,093 h., c. de Pleumartin. ➡ Maison mère des sœurs de la Croix; belle église moderne.

Quéaux, 1,591 h., c. de l'Isle-Jourdain. ➡ Église du xiᵉ s.; moule à hosties du xviᵉ. — Motte entourée de fossés. — Châteaux féodaux du Fougeré, de Chamousseau et de la Messelière (xivᵉ, xvᵉ et xviᵉ s.).

Quinçay, 1,114 h., c. de Vouillé. ➡ Camp de Ceneret, regardé comme un oppidum (place forte) celtique.

Radegonde-en-Gâtine (Sainte-), 231 h., c. de Chauvigny.

Ranton, 421 h., c. des Trois-Moutiers. ➡ Belles ruines d'un château entouré de fossés; habitations creusées dans le tuffeau, sous les murailles.

Raslay, 197 h., c. des Trois-Moutiers.

Remy (Saint-), 876 h., c. de Montmorillon. ➡ Pèlerinage.

Remy-sur-Creuse (Saint-), 535 h., c. de Dangé.

Roche-Posay (La), 1,460 h., c. de Pleumartin, dans une situation pittoresque au confluent de la Creuse et de la Gartempe. ➡ Restes des remparts; porte fortifiée du xivᵉ s. — Imposant donjon du xiᵉ s., carré et flanqué de contre-forts. — Église fortifiée (xivᵉ et xvᵉ s.). — Abbaye de la Merci-Dieu, fondée en 1150; église restaurée sous Louis XI, avec chapelle du Saint-Sépulcre, but de pèlerinage.

Rochereau (Le), 974 h., c. de Vivonne.

Roiffé, 1,214 h., c. des Trois-Moutiers. ➡ Dolmen. — Château ruiné.

Romagné, 1,616 h., c. de Couhé-Vérac. ➡ Château ruiné de la Millière (xvᵉ s.); deux enceintes fortifiées; magnifiques casemates. — Belle grotte aux Fées de la Rocheveil, sur le bord du Clain.

Romain (Saint-), 1,052 h., c. de Charroux.

Romain-sur-Vienne (Saint-), 494 h., c. de Leigné-sur-Usseau.

Rossay, 210 h., c. du Loudun. ➡ Château de Boisrogue, où furent pri-

sonniers Ludovic et Maximilien Sforza; il n'en reste qu'une galerie haute portée sur neuf arcades de la Renaissance. — Curieuse chapelle du xivᵉ s.; pierre tumulaire représentant un cadavre avec inscription en vers latins.

Rouillé, 2,684 h., c. de Lusignan.

Saires, 354 h., c. de Monts. ➡ Clocher surmonté d'une flèche en pierre du xvᵉ s.

Saix, 560 h., c. des Trois-Moutiers.

Salles-en-Toulon, 1,146 h., c. de Lussac. ➡ Dolmen de Loubressac.

Sammarçolles, 663 h., c. de Loudun.

Sanxay, 1,607 h., c. de Lusignan. ➡ Curieux château de Marconnay (xvᵉ au xviᵉ s.); donjon carré.

Saulgé, 1,367 h., c. de Montmorillon. ➡ Église du xiiᵉ s. — Vieux château de Lenest.

Sauvant (Saint-), 2,890 h., c. de Lusignan.

Sauveur-de-la-Foucaudière (Saint-), 788 h., c. de Châtellerault. ➡ Clocher avec jolie flèche en pierre du xvᵉ s.

Savigné, 1,687 h., c. de Civray. ➡ Au Chaffaud, sur le flanc d'un coteau agreste que couronnent d'énormes rochers calcaires, à 6 ou 8 mètres au-dessus des prairies de la Charente, cavernes à ossements très-importantes, qui furent des ateliers de fabrication d'armes et d'ustensiles en os et en silex. — Retranchements, tombelles et restes d'enceintes des époques celtique et romaine. — Ruines de l'abbaye de Montazais (xiiᵉ et xvᵉ s.).

Savigny-l'Évêcault, 435 h., c. de Saint-Julien.

Savigny-sous-Faye, 705 h., c. de Lencloître.

Savin (Saint-), 1,531 h., ch.-l. de c. de l'arrond. de Montmorillon, sur la Gartempe. ➡ Église célèbre (mon. hist.) du xiᵉ s., autrefois abbatiale; 77 mètres de longueur totale; trois nefs précédées d'un porche; transsept; déambulatoire avec cinq chapelles; crypte; deux belles tours romanes; celle du portail date du xivᵉ s. dans ses parties supérieures; elle est couronnée d'une admirable flèche en pierre, d'une conservation parfaite, le monument le plus élevé de l'ouest de la France (95 mèt.) après la tour Saint-Michel de Bordeaux (107 mèt.). Cette église est célèbre surtout pour ses peintures murales, les plus anciennes que l'on connaisse du moyen âge (XIᵉ s.); elles représentent : dans la crypte, la Vie de saint Savin et de saint Cyprien son frère; à la voûte de l'abside, le Christ; dans la nef, les événements antérieurs à Moïse; sous le porche, des scènes de l'Apocalypse. Ces précieuses fresques ont été décrites et figurées aux frais du gouvernement français, par le charmant écrivain Mérimée, qui en a fait le sujet d'un magnifique volume in-folio, avec planches coloriées. — Les bâtiments de l'abbaye datent de 1640. — Pont du XIIIᵉ ou du XIVᵉ s., long de 95 m.

Saviol (Saint-), 551 h., c. de Civray. ⟫⟶ Deux beaux dolmens.

Scorbé-Clairvaux, 1,608 h., c. de Lencloître. ⟫⟶ Beau château (XVᵉ et XVIᵉ s.) et parc de Clairvaux; dans le parc, deux colonnes itinéraires romaines. — Château ruiné de Haut-Clairvaux; chapelle du XIIᵉ s. avec peintures murales.

Secondin (Saint-), 1,012 h., c. de Gençay.

Senillé, 564 h., c. de Châtellerault. ⟫⟶ Dans l'église, tombeau du XVᵉ s. avec statue.

Sérigny, 699 h., c. de Leigné-sur-Usseau.

Sèvres, 420 h., c. de Saint-Julien-Lars. ⟫⟶ Église des XIIᵉ et XIIIᵉ s.; beaux chapiteaux au portail.

Sillars, 1,074 h., c. de Lussac-les-Châteaux.

Smarves, 628 h., c. de la Villedieu.

Sommières, 1,105 h., c. de Gençay. ⟫⟶ Château bâti par Mansart.

Sossais, 457 h., c. de Lencloître.

Surin, 593 h., c. de Charroux.

Targé, 280 h., c. de Châtellerault. ⟫⟶ Clocher avec flèche gothique en pierre.

Tercé, 489 h., c. de Saint-Julien.

Ternay, 425 h., c. des Trois-Moutiers. ⟫⟶ Menhir.

Thollet, 867 h., c. de Trimouille.

⟫⟶ Château de la Brosse; donjon du XIVᵉ s.

Thurageau, 1,079 h., c. de Mirebeau. ⟫⟶ Église des XIIᵉ et XVᵉ s. : joli portail roman.

Thuré, 1,674 h., c. de Châtellerault. ⟫⟶ Église de plusieurs époques : joli chœur roman. — Remarquable souterrain-refuge.

Trimouille (La), 1,845 h., ch.-l. de c. de l'arrond. de Montmorillon. ⟫⟶ Dans l'église, moule à hosties du XVᵉ s. — Château de la Rivière (XVIᵉ s.). — Château moderne de Regnier.

Trois-Moutiers (Les), 1,222 h., ch.-l. de c. de l'arrond. de Loudun. ⟫⟶ Château de Chandoiseau (XVᵉ s.). Château de la Motte-Champdeniers; jolie chapelle ogivale moderne.

Usseau, 655 h., c. de Leigné-sur-Usseau. ⟫⟶ Borne mégalithique. — Jolie église romane; flèche en pierre. — Château de la Motte-d'Usseau (XVᵉ s.); chapelle de la même époque avec peintures murales anciennes.

Usson, 2,208 h., c. de Gençay. ⟫⟶ Au nord du château d'Artron (XVᵉ s.), quatre dolmens. — Église des XIIᵉ et XVᵉ s.; curieux bas-relief.

Varennes, 324 h., c. de Mirebeau.

Vaux, 312 h., c. de Leigné. ⟫⟶ Église romane; ancienne tapisserie.

Vaux-en-Cormi, 1,348 h., c. de Couhé. ⟫⟶ Église romane. — Château de Villenon (XVIᵉ s.).

Vellèches, 465 h., c. de Leigné-sur-Usseau. ⟫⟶ Belles ruines féodales; imposant donjon de Marmande, haut de 29 mètres; tour et mur d'enceinte du XIᵉ s.

Vendeuvre, 2,572 h., c. de Neuville. ⟫⟶ Ruines d'un vaste château bâti au XVIᵉ s. par l'amiral Bonnivet. — Église du XIIIᵉ s.; clocher roman avec pyramide en pierre.

Véniers, 457 h., c. de Loudun. ⟫⟶ Château ruiné de Bois-Gourmand; donjon à mâchicoulis.

Verger-sur-Dive, 317 h., c. de Moncontour.

Vernon, 807 h., c. de la Villedieu.

Verrières, 1,014 h., c. de Lussac.

Verrue, 1,007 h., c. de Monts.

Vicq, 1,606 h., c. de Pleumartin.

Vigean (**Le**), 1,814 h., c. de l'Isle-Jourdain. ⸫—→ Dans l'église (XIIᵉ s.), moule à hosties du XIVᵉ s.

Vézières, 620 h., c. des Trois-Moutiers.

Villedieu (**La**), 455 h., ch.-l. de c. de l'arrond. de Poitiers. ⸫—→ Église romane ; belle façade.

Villemort, 195 h., c. de Saint-Savin.

Villesalem, *V.* Journet.

Villiers, 472 h., c. de Neuville.

Vivonne, 2,290 h., ch.-l. de c. de rrondiss. de Poitiers. ⸫—→ Château ruiné du XIIᵉ s. — Manoir de Cercigny (XVᵉ s.). — Motte féodale.

Vouillé, 1,651 h., ch.-de c. de l'arrond. de Poitiers. ⸫—→ Tour de Jérusalem (XIIIᵉ s.).

Voulême, 780 h., c. de Civrai.

Voulon, 294 h., c. de Couhé-Vérac (pour le camp de Sichard, *V.* Anché).

Vouneuil-sous-Biard, 853 h., c. (sud) de Poitiers.

Vouneuil-sur-Vienne, 1,411 h., ch.-l. de c. de l'arrond. de Châtellerault.

Vouzailles, 791 h., c. de Mirebeau.

Yversay, 325 h., c. de Neuville.

Typographie Lahure, rue de Fleurus, 9, à Paris.

France par ADOLPHE JOANNE

Les chiffres indiquent la hauteur en mètres au dessus du niveau de la mer.

Gravé chez Erhard, 11, r. Duguay-Trouin.   Librairie de L. Hachette et Cie à Paris   Paris Imp. R. Dufrenoy, 34 rue du Four-St Germain.

SIGNES CONVENTIONNELS

CHEF-LIEU DE DEPt
CHEF LIEU D'ARRONDt
Chef lieu de Canton
Commune
Ville fortifiée
Route Nationale
Route Départementale
Chemin Vicinal
Chemin de fer exploité
id. en Construction
Canal
Limite de Département
id. d'Arrondissement
id. du Canton
Origine de la Navigation
Echelle Métrique (1:533.000)

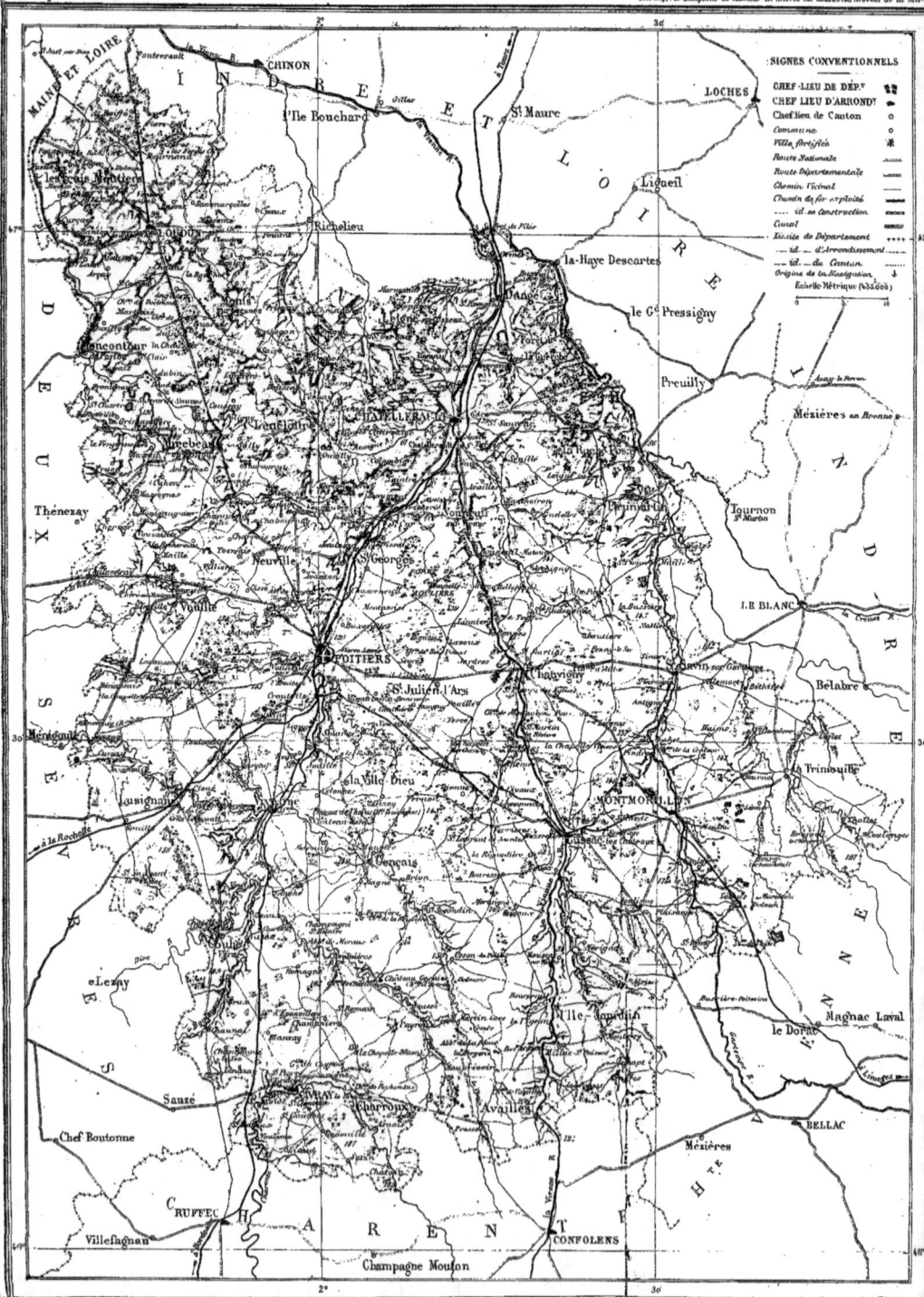

INDRE ET LOIRE

MAINE ET LOIRE

DEUX SÈVRES

INDRE

LOCHES

CHINON
l'Ile Bouchard
St Maure
Ligueil
la-Haye Descartes
le Gd Pressigny
Preuilly
Azay le Féron
Mézières en Brenne
Tournon
LE BLANC
Belabre

Richelieu
LOUDUN
Moncontour
Thénezay
Monts
Châtellerault
Lenclôitre
Angliers
Nouâtre
Vouneuil
Pleumartin
Châtillon
Thurageau
Neuville
Georges
Vouillé
POITIERS
St Julien-l'Ars
Chauvigny
St Savin sur Gartempe
Béthines
la Trimouille
Mérigout
Lusignan
à la Rochelle
la Ville Dieu
MONTMORILLON
Gençais
Lezay
l'Isle-Jourdain
Magnac Laval
le Dorat
Charroux
Availles
Mézières
BELLAC
Chef Boutonne
Sauzé
RUFFEC
Villefagnan
Champagne Mouton
CONFOLENS

CHARENTE

HAUTE VIENNE

LIBRAIRIE HACHETTE ET Cie

A PARIS, BOULEVARD SAINT-GERMAIN, 79

NOUVELLE COLLECTION DE GÉOGRAPHIES DÉPARTEMENTALES

PAR AD. JOANNE

FORMAT IN-12 CARTONNÉ

Prix de chaque volume. . . . . 1 fr.

32 départements sont en vente

EN VENTE

Aisne.	19 gravures, 1 carte.			Landes	16 gravures, 1 carte.		
Allier.	29	—	1 —	Loire.	14	—	1 —
Aube.	14	—	1 —	Loire-Inférieure.	20	—	1 —
Basses-Alpes.	11	—	1 —	Loiret.	22	—	1 —
B.-du-Rhône. .	27	—	1 —	Maine-et-Loire..	24	—	1 —
Cantal.	14	—	1 —	Meurthe.. . . .	31	—	1 —
Charente.. . . .	28	—	1 —	Nord.	20	—	1 —
Corrèze.	11	—	1 —	Oise. . .	10	—	1 —
Côte-d'Or. . . .	29	—	1 —	Pas-de-Calais. .	16	—	1 —
Deux-Sèvres . .	14	—	1 —	Puy-de-Dôme .	16	—	1 —
Doubs.	6	—	1 —	Rhône.	16	—	1 —
Gironde.	40	—	1 —	Saône-et-Loire .	25	—	1 —
Haute-Saône..	12	—	1 —	Seine-et-Oise. .	25	—	1 —
Indre-et-Loire	40	—	1 —	Seine-Inférieure.	20	—	1 —
Isère.	10	—	1 —	Somme..	12	—	1 —
Jura	12	—	1 —	Vienne..	15	—	1 —

....

EN PRÉPARATION

Charente-Inférieure — Dordogne — Loir-et-Cher — Seine-et-Marne
Haute-Vienne — Vosges

ATLAS DE LA FRANCE
CONTENANT 95 CARTES
(1 carte générale de la France, 89 cartes départementales, 1 carte de l'Algérie et 4 cartes des Colonies)

TIRÉES EN 4 COULEURS ET 94 NOTICES GÉOGRAPHIQUES ET STATISTIQUES

1 beau volume in-folio, cartonné : 40 fr.

Chaque carte se vend séparément. . . . . 50 c.

TYPOGRAPHIE LAHURE, RUE DE FLEURUS, 9, A PARIS.

www.ingramcontent.com/pod-product-compliance
Lightning Source LLC
LaVergne TN
LVHW022126080426
835511LV00007B/1053